思想的・睿智的・獨見的

經典名著文庫

學術評議

丘為君　吳惠林　宋鎮照　林玉体　邱燮友
洪漢鼎　孫效智　秦夢群　高明士　高宣揚
張光宇　張炳陽　陳秀蓉　陳思賢　陳清秀
陳鼓應　曾永義　黃光國　黃光雄　黃昆輝
黃政傑　楊維哲　葉海煙　葉國良　廖達琪
劉滄龍　黎建球　盧美貴　薛化元　謝宗林
簡成熙　顏厥安（以姓氏筆畫排序）

策劃 楊榮川

五南圖書出版公司 印行

經典名著文庫

學術評議者簡介（依姓氏筆畫排序）

- 丘為君　美國俄亥俄州立大學歷史研究所博士
- 吳惠林　美國芝加哥大學經濟系訪問研究、臺灣大學經濟系博士
- 宋鎮照　美國佛羅里達大學社會學博士
- 林玉体　美國愛荷華大學哲學博士
- 邱燮友　國立臺灣師範大學國文研究所文學碩士
- 洪漢鼎　德國杜塞爾多夫大學榮譽博士
- 孫效智　德國慕尼黑哲學院哲學博士
- 秦夢群　美國麥迪遜威斯康辛大學博士
- 高明士　日本東京大學歷史學博士
- 高宣揚　巴黎第一大學哲學系博士
- 張光宇　美國加州大學柏克萊校區語言學博士
- 張炳陽　國立臺灣大學哲學研究所博士
- 陳秀蓉　國立臺灣大學理學院心理學研究所臨床心理學組博士
- 陳思賢　美國約翰霍普金斯大學政治學博士
- 陳清秀　美國喬治城大學訪問研究、臺灣大學法學博士
- 陳鼓應　國立臺灣大學哲學研究所
- 曾永義　國家文學博士、中央研究院院士
- 黃光國　美國夏威夷大學社會心理學博士
- 黃光雄　國家教育學博士
- 黃昆輝　美國北科羅拉多州立大學博士
- 黃政傑　美國麥迪遜威斯康辛大學博士
- 楊維哲　美國普林斯頓大學數學博士
- 葉海煙　私立輔仁大學哲學研究所博士
- 葉國良　國立臺灣大學中文所博士
- 廖達琪　美國密西根大學政治學博士
- 劉滄龍　德國柏林洪堡大學哲學博士
- 黎建球　私立輔仁大學哲學研究所博士
- 盧美貴　國立臺灣師範大學教育學博士
- 薛化元　國立臺灣大學歷史學系博士
- 謝宗林　美國聖路易華盛頓大學經濟研究所博士候選人
- 簡成熙　國立高雄師範大學教育研究所博士
- 顏厥安　德國慕尼黑大學法學博士

經典名著文庫156

哲學作爲嚴格的科學

Philosophie als strenge Wißenschaft

埃德蒙德・胡塞爾（Edmund Gustav Albrecht Husserl）著
倪梁康 譯、導讀

經典永恆．名著常在

五十週年的獻禮．「經典名著文庫」出版緣起

總策劃 楊榮川

五南，五十年了。半個世紀，人生旅程的一大半，我們走過來了。不敢說有多大成就，至少沒有凋零。

五南忝為學術出版的一員，在大專教材、學術專著、知識讀本出版已逾壹萬參仟種之後，面對著當今圖書界媚俗的追逐、淺碟化的內容以及碎片化的資訊圖景當中，我們思索著：邁向百年的未來歷程裡，我們能為知識界、文化學術界做些什麼？在速食文化的生態下，有什麼值得讓人雋永品味的？

歷代經典．當今名著，經過時間的洗禮，千錘百鍊，流傳至今，光芒耀人；不僅使我們能領悟前人的智慧，同時也增深加廣我們思考的深度與視野。十九世紀唯意志論開創者叔本華，在其〈論閱讀和書籍〉文中指出：「對任何時代所謂的暢銷書要持謹慎

的態度。」他覺得讀書應該精挑細選，把時間用來閱讀那些「古今中外的偉大人物的著作」，閱讀那些「站在人類之巔的著作及享受不朽聲譽的人們的作品」。閱讀就要「讀原著」，是他的體悟。他甚至認爲，閱讀經典原著，勝過於親炙教誨。他說：

「一個人的著作是這個人的思想菁華。所以，儘管一個人具有偉大的思想能力，但閱讀這個人的著作總會比與這個人的交往獲得更多的內容。就最重要的方面而言，閱讀這些著作的確可以取代，甚至遠遠超過與這個人的近身交往。」

爲什麼？原因正在於這些著作正是他思想的完整呈現，是他所有的思考、研究和學習的結果；而與這個人的交往卻是片斷的、支離的、隨機的。何況，想與之交談，如今時空，只能徒呼負負，空留神往而已。

三十歲就當芝加哥大學校長、四十六歲榮任名譽校長的赫欽斯（Robert M. Hutchins, 1899-1977），是力倡人文教育的大師。「教育要教眞理」，是其名言，強調「經典就是人文教育最佳的方式」。他認爲：

「西方學術思想傳遞下來的永恆學識，即那些不因時代變遷而有所減損其價值的古代經典及現代名著，乃是眞正的文化菁華所在。」

這些經典在一定程度上代表西方文明發展的軌跡，故而他爲大學擬訂了從柏拉圖的《理想國》，以至愛因斯坦的《相對論》，構成著名的「大學百本經典名著課程」。成爲大學通識教育課程的典範。

歷代經典．當今名著，超越了時空，價值永恆。五南跟業界一樣，過去已偶有引進，但都未系統化的完整舖陳。我們決心投入巨資，有計畫的系統梳選，成立「經典名著文庫」，希望收入古今中外思想性的、充滿睿智與獨見的經典、名著，包括：

- 歷經千百年的時間洗禮，依然耀明的著作。遠溯二千三百年前，亞里斯多德的《尼各馬科倫理學》、柏拉圖的《理想國》，還有奧古斯丁的《懺悔錄》。
- 聲震寰宇、澤流遐裔的著作。西方哲學不用說，東方哲學中，我國的孔孟、老莊哲學，古印度毗耶娑（Vyāsa）的《薄伽梵歌》、日本鈴木大拙的《禪與心理分析》，都不缺漏。
- 成就一家之言，獨領風騷之名著。諸如伽森狄（Pierre Gassendi）與笛卡兒論戰的《對笛卡兒沉思錄的詰難》、達爾文（Darwin）的《物種起源》、米塞斯（Mises）的《人的行爲》，以至當今印度獲得諾貝爾經濟學獎阿馬蒂亞．

森（Amartya Sen）的《貧困與饑荒》，及法國當代的哲學家及漢學家余蓮（François Jullien）的《功效論》。

梳選的書目已超過七百種，初期計劃首爲三百種。先從思想性的經典開始，漸次及於專業性的論著。「江山代有才人出，各領風騷數百年」，這是一項理想性的、永續性的巨大出版工程。不在意讀者的眾寡，只考慮它的學術價值，力求完整展現先哲思想的軌跡。雖然不符合商業經營模式的考量，但只要能爲知識界開啓一片智慧之窗，營造一座百花綻放的世界文明公園，任君遨遊、取菁吸蜜、嘉惠學子，於願足矣！

最後，要感謝學界的支持與熱心參與。擔任「學術評議」的專家，義務的提供建言；各書「導讀」的撰寫者，不計代價地導引讀者進入堂奧；而著譯者日以繼夜，伏案疾書，更是辛苦，感謝你們。也期待熱心文化傳承的智者參與耕耘，共同經營這座「世界文明公園」。如能得到廣大讀者的共鳴與滋潤，那麼經典永恆，名著常在。就不是夢想了！

二〇一七年八月一日 於

五南圖書出版公司

導讀

浙江大學哲學系教授　倪梁康

〈哲學作爲嚴格的科學〉原是當代德國哲學家、現象學創始人埃德蒙德・胡塞爾（Edmund Husserl，一八五九—一九三八年）於一九一一年發表在德國哲學雜誌《邏各斯》（第一期，第二八九—三四一頁）上的一篇長文（也被簡稱作「邏各斯文」）。這本中譯本是根據原文譯出，同時參照了之後收錄在由尼農（Thomas Nenon）和塞普（Hans Rainer Sepp）主編的《胡塞爾全集》第二十五卷：《文章與報告（一九一一—一九二一年）》（多德雷赫特等，一九八七年，第三—六二頁，以下簡稱「全集本」）中得到考證校定的同篇文字。胡塞爾之後在他的「邏各斯文」的私人自用本中還附加了一些評注性的文字，它們在全集本中作爲「版本注」標出。這些評注性文字在中譯本中也一同被譯出，作爲「作者後來加入的邊注和補充」附在正文的後面。同時一併譯出的還有《胡塞爾全集》第二十五卷編者所寫的與〈哲學作爲嚴格的科學〉文字產生背景有關的部分引論，題爲「全集本編者引論」。

除此之外，中譯本還參照了威廉．斯基拉奇（Wilhelm Szilasi）於一九六五年所編的第一個單行本：《哲學作爲嚴格的科學》（法蘭克福／美因，一九六五年，共一〇七頁，以下簡稱「單行本」）。斯基拉奇爲此單行本所撰寫的「內容分析」與「後記」也一同被譯出，以「單行本編者內容提要」和「單行本編者後記」（留有海德格痕跡的「後記」）爲題附在正文後面。斯基拉奇還撰寫了「生平」和「文獻選要」附在單行本後，這後兩份文字雖然因爲寫得時間比較早，不能反映當今胡塞爾研究的最新狀態，但仍然具有一定的參考價値。尤其是作者本人在「生平」中加入了對胡塞爾的回憶，從而使之超出了單純資料的範圍，是故在此仍將它們譯出。

如此一來，書末的「附錄」便共有六篇，分別涉及：一、作者的修改意圖。二、文字的產生背景。三、內容提要。四、內容解釋。五、作者生平。六、有關文獻。

於是，譯者的話便不得已的被放到了前面，它不想成爲一個「導讀」，充其量只是譯者在翻譯過程中以及在翻譯前後的一些隨想，讀者盡可以將它放到最後去讀，假如那時仍還想讀的話。

＊＊＊

二十世紀初，胡塞爾《邏輯研究》兩卷本的發表（一九〇〇／〇一年），使現象學得以突破並得以濫觴。這時胡塞爾在哲學界的聲譽斐然，他被看作是一個里程碑式的人物。這從他的同時代人如狄爾泰（W. Dilthey）、那托普（P. Natorp）等，以及後一代人如海德格（M. Heidegger）、高達美（H.-G. Gadamer）等的評價與回憶中已可見一斑。現象學揭示了一個新的研究領域。如列維納斯（E. Levinas）所說，這個領域是德國古典哲學的思辨目光所無法達及的。現象學的意向分析和描述方法幾乎使現象學成爲一門與邏輯學或心理學相並列的特殊學科，甚至在今天通行的學科分類中還可以清楚地看到這種影響的存在。

在《邏輯研究》發表的同一年，胡塞爾在一封信中預告說：「十年後再出一卷新的！」[1]果然，在此後的十年裡，胡塞爾基本上是筆耕不輟。直到一九一一年，他才應里克

① 《胡塞爾書信集》第五卷，第七十七頁。——《胡塞爾書信集》（*Briefwechsel*）共十卷，作爲《胡塞爾全集——資料》（*Husserliana-Dokumente*）第三集，由舒曼（K. Schuhmann）編輯出版，多德雷赫特等，一九九四年。

特（H. Rickert）之約而拿出〈哲學作爲嚴格的科學〉。我們在後面斯基拉奇所寫的胡塞爾「生平」中可以讀到：「在《邏輯研究》發表後處在顯赫聲譽之中的胡塞爾，沉默了十年之久，爾後才認爲〈哲學作爲嚴格的科學〉值得發表，這個事實賦予了這篇論文無法充分估量的重要意義。」如今它基本上已被看作是一份帶有胡塞爾簽名的「現象學宣言」。

〈哲學作爲嚴格的科學〉在當時思想界所產生的影響至少可以概括爲以下兩個方面：

從批判性的角度來看，在《邏輯研究》完成了對心理主義的有力抨擊之後，〈哲學作爲嚴格的科學〉仍然需要在兩條戰線上作戰：一方面是與自然主義，另一方面是與歷史主義。前者主要表現在當時盛行的實驗心理學的各種學說之中，後者則主要是指爲狄爾泰等人所宣導的歷史學派。胡塞爾的批判在很大程度上是《邏輯研究》中對心理主義批判的延續，他仍然堅持不懈地揭示這些學說的相對主義和懷疑主義之最終結局。而這個結局對於當時的自然主義與歷史主義來說並非是不言自明的。對於胡塞爾在這方面的努力，非現象學哲學家科拉克夫斯基（L. Kolakowski）曾確切地評價說：「胡塞爾比任何一個人都更多地迫使我們認清知識的窘迫境況：要麼是澈底的經驗主義連同其相對主義、懷疑主義的結論，它被許多人看作是一個令人沮喪的、不能被接受的，並且事實上會給我們的文化帶來毀滅的立場；要麼就是先驗主義的獨斷論，它實際上無法論證自身，並且最終仍然是一個隨意性的決定。我不得不承認，儘管最終的確然性是一個在理性主義範圍之內無法達到的目標，但如果沒有那些不斷努力試圖達到這個目標的人們，我們的文化就將會是貧乏而可憐的。而且，如果我們的文化完全落入懷疑主義者們的手中，那麼它將幾乎無法繼續生存下去。我相信，人類的文化永遠不可能達到對它的各個繁雜而不統一的組成部分的完善綜合。然而，恰恰是它的各種成分的不統一性才有助於它的豐富多采，而使我們的文化得以保持其生命力，與其說是各種價值之間的和諧，不如說是各種價值之間的衝突。」②實際上，許多當代人之所以能夠從容地遊弋於相對主義和絕對主義的夾縫之間，既帶有懷疑主義的警覺，又仍抱有對健康的理性的最終信念，恐怕在很大程度上要歸功於胡塞爾的孜孜求索。

除此之外，由於胡塞爾在〈哲學作爲嚴格的科學〉中公開揭露了他與狄爾泰思想的分歧，因而這篇文字對後人理解現象學與解釋學之間的關係也不無啟迪作用。

---

② 科拉克夫斯基：《尋找失落了的確然性》（*Auf der Suche nach der verlorenen Gewißheit*），斯圖加特，一九七七年，第九十六—九十七頁。

從建構性的角度來看，可以籠統地說，在《邏輯研究》中，胡塞爾試圖將哲學定位於邏輯學和心理學之間，而在〈哲學作爲嚴格的科學〉中，他努力在自然科學與精神科學（歷史科學）之間找到哲學的位置。雖然在這篇文章中，現象學尚未帶有「先驗」現象學的標記——「先驗」一詞在這裡從未出現過——，但胡塞爾的意圖在這裡已經十分清楚地揭露：透過對哲學的新論證，嚴格的哲學將以構造現象學的形態出現，它將爲經驗的自然科學和精神科學奠定基礎，因爲現象學所探討的不僅是「意識構形的本質聯繫」（意識的「心理」方面），同時也探討「與它們相關的本質相屬的被意指性」（即被意識所構造出來的「物理」方面）[3]；這兩個研究方向（所有的意識—被意指者）在他兩年後發表的《純粹現象學與現象學哲學的觀念》第一卷中也被稱作「意向活動」（Noesis）和「意向對象」（Noema）。正所以，〈哲學作爲嚴格的科學〉實際上已含有胡塞爾先驗構造現象學的第一次公開預告。正是在這個意義上，海德格日後曾合理地指出，這篇文章「透過《純粹現象學與現象學哲學的觀念》才獲得了對其綱領性論題的充分論證」[4]。

---

③ 參閱《哲學作爲嚴格的科學》，第三一七頁（即本書邊碼317，下同）。

④ 海德格：《面向思的事情》，陳小文、孫周興譯，商務印書館，一九九六年，第八十頁。譯文略有更動，下同。

值得一提的是：對胡塞爾在文章中所宣示出的這種努力趨向，海德格既表示贊同，也持有批評，他贊同胡塞爾所提出的「面對實事本身」的口號，贊同「研究的動力必定不是來自各種哲學，而是來自實事與問題」的主張[5]，贊同現象學的直觀性原則與中立性原則。但他拒絕對「實事本身」作「意識的主體性」的理解，並且認為胡塞爾在此文中表現出向近代哲學，尤其是向康德主義的轉向，從而悖離了現象學的原則，放棄了對思的實事（原現象、原實事）的眞正思考[6]——對此，讀者可以對照胡塞爾的原文而得出自己的評價。

這裡無須再重構胡塞爾在上述兩個方面（批判性方面和建構性方面）的論述。讀者也許可以在正文中完整地讀到它們，或者可以在後面的「單行本編者內容提要」以及「單行本編者後記」等附錄中獲得對它們的大致了解。

---

⑤ 參閱《哲學作爲嚴格的科學》，第三一七頁；海德格，同上書，第六十五頁。

⑥ 參閱海德格，同上書，第四十七頁、第六十五—六十八頁、第七十九頁等。

需要強調的是胡塞爾的哲學觀。根據胡塞爾本人的回憶，他首先是在布倫塔諾（F. Brentano）的講座中獲得一個堅定的信念，這個信念使他有勇氣將哲學選擇爲終生的職業：「哲學也是一個嚴肅工作的領域，哲學也可以並且也必須在嚴格科學的精神中受到探討。」[7]這個信念不僅時常在他的研究手稿中出現：「哲學就是指向絕對認識的意向」[8]，而且也在〈哲學作爲嚴格的科學〉中得到第一次公開的展示：「哲學本質上是一門關於眞正開端、關於起源、關於萬物之本的科學」[9]。可說胡塞爾這一生從未放棄過這個哲學觀。

將這個哲學觀加以展開，便意味著：一方面，向最終論證、最終奠基的回溯被理解爲向認識主體的「意義給予」之成就的回溯[10]，這種回溯是直接進行的，是自身負責的，任何間

---

[7] 《文章與報告（一九一一—一九二一年）》，《胡塞爾全集》第二十五卷，第三〇五頁。

[8] 手稿 BII 19，第四十二頁。

[9] 《哲學作爲嚴格的科學》，第三四一頁。

[10] 《純粹現象學與現象學哲學的觀念》第一卷，《胡塞爾全集》第三卷，海牙，一九七六年，第五十五頁。

接的中介都必須被排除在外。另一方面，在獲得了經過最終論證的眞理之後，哲學的任務還在於，將這種眞理付諸實踐並且根據這種眞理而承擔起主體性的責任與義務，這也是一門哲學倫理學和價值論的中心任務。在對哲學的這一理解中無疑包含著胡塞爾對理論與實踐的奠基關係的理解。

在二十一世紀的今天，凡略曉當今世界「哲學行情」的人都會認爲這種哲學觀已經屬於過去，當代人會樂於坦然地面對懷疑主義和相對主義的指責。雖然各種不同派別的哲學思潮如今還在「理性」或「合理性」的整體標題下進行著各種獨白或對話，但「告別原理」，亦即告別邏輯中心主義意義上的理性，已經成爲或多或少可以被一致接受的口號，世界不再被視作一個可以根據某個或幾個公理而推導出來的統一而有序的系統。笛卡兒曾在他的時代以「有序的」哲思者作爲其沉思對話的基本前提對象⑪，時至今日，「有序」已經不再成爲哲學思考的公認標準。「有序」連同「無序」一起，被一些哲學家視爲人類社會所面臨的兩大

⑪ 參閱笛卡兒：《哲學原理》（*Principia Philosophiæ*），I，七，十。

危險⑫。胡塞爾所做的那些對心理主義、自然主義、歷史主義等各種形式的相對主義和懷疑主義的批判，已經明顯與流行意識相悖，而他對確然性之苦苦追求，更是被視爲不明生活形式和價值系統之繁雜與間斷的眞諦。

然而，就像蘇格拉底或康德至今對當代人所留下來的影響一樣，今天仍然有人——譯者也算是其中之一——不懈地在胡塞爾留下的博大精深的思想寶庫中尋找精神生活的動力或支點，究其原因至少可以找到以下兩個方面：

首先，雖然作爲嚴格科學的哲學仍然還是一個「無限遙遠的點」，胡塞爾的哲思方法卻仍然直接而具體地向我們指示著嚴格性的實例。就面前的《哲學作爲嚴格的科學》而言，儘管它在胡塞爾的現有文獻中屬於綱領性的方法論述，本書單行本的編者斯基拉奇因而將它比作笛卡兒的《談談方法》，但即使在這裡也可以處處感受到胡塞爾現象學論述和操作的嚴格性。另一位非現象學的哲學家施泰格繆勒（W. Stegmüller）也曾公正地承認：「胡塞爾的研究對哲學產生了巨大的影響。對於那些在原則上接受他的思想並將他的方法運用在其研究中

---

⑫ 參閱《今日哲學》（*Philosophie heute*），法蘭克福／紐約，一九九七年，第五十一頁。

的人來說，是一個無限廣闊的、新的工作領域的展現。對於對立陣營的哲學家來說則形成了一種必然性，即：更清晰明白地闡明他們自己的立場，並使他們的論據的無懈可擊性與胡塞爾學說的高度科學水準相吻合。因此，像所有偉大的思想家一樣，胡塞爾對朋友和敵人都發揮了促使他們進行創造性活動的影響。」[13]對於施泰格繆勒所做的這個特徵描述，讀者可以從《哲學作爲嚴格的科學》的字裡行間獲得直接的感受。

但比他的嚴格方法影響更爲深遠的，或許是胡塞爾在理論研究方面的執著精神。斯基拉奇認爲：「胡塞爾的偉大從根本上帶有這樣一種特徵：他能夠長達數十年地以一種頑強的精神，並且在一種寧靜退隱的狀態下，一再地奉獻於新的問題。」這種甘於寂寞的個性，恐怕是每一個「理論人」都應具備的一個基本素質前提。理論研究者應當可以看到：他們的宿命就在於追求獨立的思想而避開流行的時尚。胡塞爾在世紀初所呼籲的「我們切不可爲了時代而放棄永恆」，與王元化在二十世紀末一再宣導的「爲學不做媚時語」，實際上是一而二、

---

⑬ 施泰格繆勒：《當代哲學主流》（*Hauptsr der mungen der Gegenwartsphilosophie*），第一卷，斯圖加特，一九七八年，第八十一頁。

二而一的[14]。過強的功利目的和實用心態或許是中國近現代學術困境的一個主要根源，正如文德爾班（W. Windelband）所說：「知識的金果只有在不被尋求的地方才能成熟。」[15]從近年來學術研究的整個趨勢來看，胡塞爾在這篇文章中所做的警告在今天仍然有效：「正是在一個實踐動機超強地上升的時代裡，一種理論的本性也可能會比它的理論職業所允許的更爲強烈地屈從於這些實踐動機的力量。但在這裡，尤其是對我們時代的哲學而言，存在著一個巨大的危險。」[16]就此而論，《哲學作爲嚴格的科學》可能會給我們的學術研究帶來一定的啟發與教益。

---

⑭ 參閱胡塞爾：《哲學作爲嚴格的科學》，第三三七頁；王元化：〈近思錄〉，載於《學人》第十輯，南京，一九九六年，第三十七頁。

⑮ 文德爾班：《哲學史教程》（*Lehrbuch der Geschichte der Philosophie*），圖賓根，一九五六年，第三三二頁。

⑯《哲學作爲嚴格的科學》，第三三四頁。

自二十世紀八十年代中期以來，胡塞爾哲學的中譯本一直在緩慢而有秩序地進行著。如果我們將胡塞爾的前現象學時期稱作早期，那麼，從《邏輯研究》（一九〇〇／〇一年）[17]和《現象學的觀念》（一九〇七年）[18]到《哲學作爲嚴格的科學》（一九一一年）、《純粹現象學與現象學哲學的觀念》第一卷[19]和「弗萊堡就職講座」（一九一六年）[20]中譯本的發表，胡塞爾中期的所有重要著述都已經進入漢語語境之中。讀者透過對這些著作的研讀，可以把握到胡塞爾這個時期思想的基本脈絡。

《哲學作爲嚴格的科學》在一九八八年便由呂祥從英文譯成中文出版（中國國際出版公司，一九八八年）；此後，在一九九三年選編兩卷本《胡塞爾選集》（上海三聯書店，一九九七年）時，我曾將呂祥的譯文選入集子並作過大致的校對。此次從德文再譯，也參考

---

⑰《邏輯研究》第一卷：《純粹邏輯學導引》，倪梁康譯，上海，一九九四年／臺北，一九九四年；第二卷：《現象學與認識論研究》，上、下部分，倪梁康譯，上海，一九九八年／臺北，二〇〇〇年。

⑱《現象學的觀念》，倪梁康譯，上海，一九八六年／臺北，一九八七年。

⑲《純粹現象學通論》，李幼蒸譯，北京，一九九四年。

⑳〈純粹現象學及其研究領域和方法〉，倪梁康譯，載於《哲學譯叢》，一九九四年，第五期。

了呂祥的譯文，在此致謝。但呂祥的譯文由於各種原因含有較多的錯誤，這也是促使譯者從原文重譯此書的動機之一。當然，決定性的動機則來自《哲學作爲嚴格科學》這部著作本身所具有的重要意義，尤其是對我們這個時代！

在此還要感謝學友陳小文的理解、信任與支持！

譯文中若有缺失與欠妥之處，還望方家隨時指正。

一九九八年六月十日記於南京

二〇二一年八月十二日補記於杭州

目次

哲學作爲嚴格的科學

1 自最初的開端起，哲學便要求成爲嚴格的科學，而且是這樣的一門科學，它可以滿足最高的理論需求，並且在倫理—宗教方面可以使一種受純粹理性規範支配的生活成爲可能。這個要求時而帶著較強的力量，時而帶著較弱的力量被提出來，但它從未被完全放棄過。即使是在對純粹理論的興趣和能力處於萎縮危險的時代，或者在宗教強權禁止理論研究自由的時代，它也從未被完全放棄過。

2 哲學在其發展的任何一個時期都沒有能力滿足這個成爲嚴格科學的要求，即使是在最後一個時期，當哲學在各種流派雜多而對立的情況下，仍然遵循著一個本質上統一的自文藝復興至當代的發展趨向時，它也未能做到這一點。儘管近代哲學的主導精神（Ethos）恰好在於，它不願輕易地投身於哲學的本欲，而寧可通過批判性反思的手段，在對方法的日趨深入的研究中，將自己建構成一門嚴格的哲學。但這些努力的唯一結果是嚴格的自然科學和精神科學的建立與獨立，以及各門新的純粹數學學科的建立與獨立。在這種現在才突顯出來的特殊意義上，哲學本身卻仍然一如既往地缺乏嚴格科學的特徵，甚至連這種突顯的意義也始終沒有得到科學可靠的規定。哲學與自然科學和精神科學的關係如何，它的那些與自然和精神本質相關之工作的特殊哲學性是否原則上要求有新的觀點，特殊的目標和方法是否原則上隨

3

這些新觀點而一同被給予，哲學是否可以說是將我們引進到一個新的維度，或者它仍然與那些關於自然和精神生活的經驗科學在同一個層次上，這些問題至今仍有爭議。它表明，甚至連哲學問題的眞正意義都還沒有得到科學的澄清。

因此，雖然哲學的歷史目的在於成爲所有科學中最高與最嚴格的科學，它代表了人類對純粹而絕對的認識之不懈追求（以及與此不可分割的是對純粹而絕對的評價與意願之不懈追求），但哲學沒有能力將自身建構成一門眞實的科學，無法讓位在人性之永恆事業方面具有天職的教師進行教學，因爲，它並不能以客觀有效的方法進行教授。康德常說：「人們無法學習哲學，只能學習哲思（Philosophieren）。」這無非是對哲學之非科學性的直言不諱。科在科學、眞實的科學伸展的範圍內，人們可以教授和學習，並且始終是在相同的意義上。科學的學習從來都不是一種對精神以外材料的簡單接受，而始終立足於自身的活動，立足於一種內部的再造，即通過創造性精神而獲取的、按照根據與結論而進行的理性明察的內部再造。人們無法學習哲學的原因在於，在這裡還沒有那種得到客觀領悟和論證的明察，這也就意味著，在這裡還缺乏那些在概念上得到明確界定、在意義方面得到完全澄清的問題、方法和理論。

4

我並不是說哲學是一門未完善的科學，而是乾脆地說「哲學還不是一門科學」，它作爲科學尚未開始，而我在這裡是以那些得到客觀論證的理論學說內容的很小一部分來作爲評判標準的。所有科學都是不完善的，即使是那些備受頌揚的精確科學也是如此。它們一方面是不完備的，面對著眾多未解答的問題的無限視域，這些問題使得認識的欲望永遠無法得到滿足；另一方面，它們在已經建構出來的學說內容中帶有某些缺陷，在這裡或那裡會表露出在證明的系統秩序和理論方面的不清晰和不完善。但無論如何，一個學說內涵已經形成，它不斷地增長並且一再產生出新的分支。任何有理性的人都不會懷疑數學和自然科學的美妙理論的客觀眞實性或客觀論證了的或然性。在這裡——從整體上說——沒有爲私人的「意見」、「觀點」、「立場」留下棲身的場所，但只要這些私人的東西還個別地存在著，那麼科學就不是、不被看作是已經形成的科學，而是被看作是正在形成著的科學。①

① 我在此想到的當然不是那些哲學——數學的和自然哲學的爭論問題，確切地看，這些問題不但涉及學說內涵的各個分散點，而且涉及這些學科的總體科學成就的「意義」。它們可以並且必須始終有別於這些學科本身，就像它們對於這些學科的大多數宣傳者來說完全是無關緊要的一樣。也許哲學一詞在

5 剛才所描述的這種爲所有科學所具有的不完善性，完全不同於哲學的不完善性。哲學不僅不具有一個不完備的和僅僅是在個別方面不完善的學說系統，而是根本就不具有任何學說系統。這裡的一切都是有爭議的，任何一個表態都是個人信念的事情，都是學派見解的事情，都是「立場」的事情。

6 至於那些古代和現代科學的哲學世界文獻爲我們所提供的設想，它們或許是建立在嚴肅的、甚至是宏大的精神工作之基礎上。不僅如此，它們或許在很大程度上是在爲科學嚴格的學說系統在未來的創建做準備，但在這些文獻中，暫時還沒有任何東西可以被看作是哲學科學的基礎，而且還不存在著任何希望，例如：用批判的剪刀在這裡或那裡裁剪出一塊哲學的學說。

與所有科學的標題相關聯時便意味著一種研究，這種研究在一定程度上爲所有這些科學提供了一個新的維度，並且因此提供了最終的完善。但維度一詞同時暗示：嚴格的科學始終還是科學，學說內涵始終還是學說內涵，即使向這個新維度的過渡尚未進行。

7 哲學是嚴格的科學，這個信念必須再一次得到鮮明而眞誠的表述，並且恰好是在這裡，在《邏各斯》的起始階段②，它將會爲哲學的一個重要變革提供見證，並且爲未來的哲學「體系」奠定基礎。

8 因爲，隨著對所有至今爲止的哲學之非科學性的鮮明強調，一個問題隨即被提了出來：哲學是否仍然要堅持這個目的，即成爲嚴格的科學，它是否可以堅持以及是否必須堅持這個目的。這個新的「變革」對我們來說應當意味著什麼？例如：意味著告別嚴格科學的觀念？而那個爲我們所期盼、在我們研究工作的低潮中應當作爲理想而先示給我們的「體系」，對我們來說又應當意味著什麼？一個在傳統意義上的哲學「體系」，就像是從某個創造性天才的大腦中蹦出來的一個裝備齊全的米娜瓦女神——以便在將來與其他同類的米娜瓦女神一起被安放到寂靜的歷史博物館中去。或者是一個哲學的學說系統，在經過幾代人的充分準備之後，以一個確定無疑的基礎開始，像任何一個出色的建築物一樣，自下而上地聳入高空，因爲一塊塊的磚石乃是依據引導性的明察、作爲確定的構形而被砌入到這個穩固的建築之中。正是在這個問題上，各種精神必定會分道揚鑣。

② 即本文發表於其上的《邏各斯》雜誌。——譯注

9 對於哲學的進步來說，至關重要的「變革」是這樣的一種變革：在這種變革中，透過對以往哲學所遵循的那種被誤認爲是科學進程的批判，這些哲學要求成爲科學的主張便得到瓦解，而在嚴格科學意義上澈底地重新建構哲學，這個充分被意識到的意願現在便是主導性的意願，並且是決定著工作順序的意願。所有的思維力量首先都集中在這樣一點上，即：透過系統的思考來澈底地澄清爲至今爲止的哲學所任意地忽略或誤解的嚴格科學之條件，爾後再去嘗試新建一座哲學的學說大廈。成爲嚴格的科學，這樣一個充分被意識到的意願主宰著蘇格拉底—柏拉圖對哲學的變革，同樣也在近代之初主宰著對經院哲學的科學反叛，尤其是主宰著笛卡兒的變革。這股推動力一直延續到十七世紀和十八世紀的偉大哲學之中，並以極端的力量在康德的理性批判中更新了自己，甚至主宰著費希特的哲學思考。研究的方向一再指向眞正的開端，指向關鍵性的問題表述與合理的方法。

10 只是，在浪漫主義哲學中才發生了一個變化。儘管黑格爾堅持其方法和學說的絕對有效性，他的體系仍然缺乏理性批判，而正是這種批判才使哲學的科學性得以可能。但與此相關的是，黑格爾哲學與整個浪漫主義哲學一樣，在此後對嚴格的科學哲學之構造所起的作用就在於，它或是**削弱**、或是**篡改**了這個原初的本欲。

11 就後者而言，即就篡改的趨向而言，眾所周知，黑格爾主義隨著精確科學的強大而引發起諸多反應，這些反應的結果便是，十八世紀**自然主義**獲得了強有力的推動，並用它那放棄一切絕對觀念性和有效客觀性的懷疑論，以風靡一切的方式規定著最近時期的世界觀和哲學。

12 另一方面，在對哲學的科學本欲之削弱的意義上，黑格爾哲學透過它的這樣一種學說還在發揮著持續性的影響，這種學說主張每一門哲學只具有對其時代而言的相對合理性，因此，在這個被聲稱的絕對有效性體系之內所具有的意義，當然完全不同於它被後代人接受時所帶有的歷史意義。後代人隨著對黑格爾哲學之信念的喪失，也失去了對一門絕對哲學的整體信任。黑格爾的形上學歷史哲學反轉爲一種懷疑的歷史主義，這種反轉本質上規定了新的「**世界觀哲學**」的興起，如今似乎正在迅速地傳播開來。除此之外，這種哲學本身以其常常是反自然主義，有時甚至是反歷史主義的論戰，而根本無意成爲懷疑哲學。然而，只要它在其整個意圖與操作中不再表明自身還受到那種成爲一門科學學說——即一門構成近代直至康德的哲學之主要特徵的科學學說——之澈底意願的主宰，那麼，關於對哲學的科學本欲之削弱的說法便尤其與這種世界觀哲學有關。

13

下面的論述帶有這樣的思想：人類文化的最高目標在於要求造就一門嚴格科學的哲學。因此，如果在我們這個時代的一種哲學變革是合理的，那麼它無論如何都必須從這樣一個意向中獲得活力，即：對一門在嚴格科學意義上的哲學進行新論證。這個意向對於當代來說絕不是陌生的，它恰好充分地活躍在流行的自然主義之中。自然主義從一開始便極爲果斷地遵循著對哲學進行嚴格科學改造的觀念，自然主義甚至始終相信，它已經用其早期的和現代的形態實現了這個觀念。但是，從原則上看，所有這些都是在這樣一種形式中進行的，這種形式在理論上是根本錯誤的，正如它在實踐上對我們的文化來說意味著一種增長的危險一樣。如今，對自然主義哲學進行澈底的批判是一件重要的事情，相對於那些從結論中得出的單純反駁性的批判而言，這裡尤其需要一種對基礎和方法的積極批判。只有這種積極的批判才能夠不間斷地保持對一門嚴格科學哲學之可能性的信心，而這種信心現在正在受到威脅：受到這種建構在嚴格的經驗科學之上的自然主義悖謬後果的認識之威脅。本文第一部分的論述便被用來進行這種積極的批判。然而就我們這個時代的引人注目之變革而言，雖然這個變革——而這是它的權利——本質上具有反自然主義的趨向，但它似乎在歷史主義的影響下仍然想偏離科學哲學的路線而流入到單純的世界觀哲學中去。本文的第二部分將致力於對這兩種哲學之區別的原則性闡釋以及對它們的相對權利的思考。

294

自然主義哲學

14

自然主義是對自然之發現的結果現象，自然在這裡是指一個按照精確的自然規律而在空間、時間存在的統一之意義上的自然。隨著這個觀念在不斷更新的自然科學中、在奠基於大量嚴格認識上的自然科學中逐步得到實現，自然主義也一再地得到擴展。與此完全相似，在此之後，作爲「歷史的發現」和不斷更新的精神科學之建立的結果現象，歷史主義也得以形成。與流行的理解習慣相符，自然科學家趨向於將一切都看作是自然，精神科學家將一切都看作是精神，看作是歷史構成物，並且據此來錯誤地解釋那些不能被如此看待的東西。因此，就我們這裡尤其所要關注的自然主義者而言，他所看到的只是自然並且首先是物理的自然。一切存在的東西，或者本身是物理的，隸屬於物理自然的統一聯繫，或者雖是心理因素，但卻只是依賴於物理因素而發生變化的東西，至多是一種派生的「平行的伴隨性事實」。所有存在者都具有心理物理的自然，這是根據確定的規律而被明確規定的。即使是在實證主義的意義上（無論這是一種依據於受到自然主義解釋的康德的實證主義，還是一種對休謨進行改造和貫徹的實證主義），物理的自然以感覺主義的方式消融在感覺複合之中，消融在顏色、聲音、壓迫等等之中，而且與此相同，即使所謂心理因素也消融在同樣的或其他的「感覺」之補充複合之中，以上所說的這種觀點也不會發生一種對我們來說根本性的變化。

15 所有形式的極端而澈底的自然主義，從通俗的唯物主義到最新的感覺主義和唯能主義，它們的特徵都在於，一方面是**將意識自然化**，包括將所有意向—內在的意識被給予性自然化；另一方面是**將觀念自然化**，並因此將所有絕對的理想和規範自然化。

16 就另一方面而言，自然主義將會不知不覺地揚棄自身。如果我們以形式邏輯爲所有觀念性的範例標誌，那麼，眾所周知，形式邏輯的原則被解釋爲所謂思維規律，即被自然主義解釋爲思維的自然規律。我在其他地方已經詳細地證明③，這種解釋本身帶有那種爲所有確切意義上的懷疑理論所特有的悖謬。人們也可以對自然主義的價值學、實踐論，包括倫理學，進行類似的澈底批判，同樣可以對自然主義的實踐進行這種批判。因爲在理論悖謬性的後面，不可避免地會跟隨著在現時的理論的、評價的、倫理的行爲中的悖謬性（明見的不一致性）。總而言之，自然主義者在其行爲中是觀念主義者和客觀主義者。他們滿懷著這樣一種追求，即：以科學的方式，也就是以對每一個理性的人都具有約束力的方式去認識：什麼是眞正的眞、眞正的美和善，應當如何根據普遍的本質來規定它，可以根據哪一種方法在個

③ 參閱我的《邏輯研究》第一卷，一九〇〇年。

別的情況中獲得它。自然主義者相信，可以透過自然科學和自然科學的哲學而大致地達到這個目的，而且，帶著由這種意識所引發的興奮之情，可以藉由教師和實踐改革者來宣導這種「自然科學的」眞、善、美。但這些自然主義者是一個提出理論並誤以爲論證著理論的觀念主義者，而這些理論恰好否定了他們在觀念主義行爲中所預設的東西，無論這種行爲是對理論的建構，還是同時對作爲最美的和最好的價值或實踐規範的論證與推薦。即是說，只要他們在進行理論活動時，能夠客觀地提出評價所應遵循的價值，並且提出每個人的意願與行動所應遵循的實踐規則，那麼他們便是在進行著預設。自然主義者在教誨、在布道、在訓導、在改造④，但他們否認那些爲每一個布道、每一個要求本身按其意義所預設的東西，只是不會像古代的懷疑論那樣用明確的語詞（expressis verbis）來進行布道：唯一理性的事情就是否認理性——無論是理論理性，還是價值理性和實踐理性。他們甚至會讓自己遠離這類說法，在他們那裡，悖謬是不公開的，他自己並沒有看到，這個悖謬就在於他們將理性自然化。

④ 在此可以將海克爾（Häckel）和奧斯維德（Ostwald）看作是出色的代表人物。

就這方面來看，爭論實質上已經分出勝負，即使實證主義的洪水以及在相對主義方面超出它的實用主義的洪水還在繼續上漲。當然，這個狀況恰好表明，從結論中所得論據的實踐有效力量是多麼微不足道。成見使人盲目，誰要是只看見經驗事實，在內心只承認經驗科學的有效性，就並不感到自己會受到那些悖謬結論的干擾，這些結論不能在經驗中被證明為是與自然事實相悖的矛盾，而是會將這些結論當作「經院哲學」而棄之不顧。但是，從結論中得出的論據在另一方面，即在那些能感受到其衝擊力的人那裡，卻非常容易產生錯誤的影響。由於自然主義想將哲學建立在嚴格科學的基礎上，並且想將哲學作為嚴格科學建構起來，而它看起來又顯得完全不可信，因此，它的方法目的本身也就顯得不可信。而且，另一方面有一種傾向蔓延開來，即認為嚴格的科學只能是實證科學，並且科學的哲學只能建立在實證科學的基礎上，這時，自然主義的這個方法目的就尤其顯得不可信。然而這也只是一種成見罷了，若**為此**便想要偏離嚴格科學的路線，這種意圖是根本錯誤的。自然主義竭其精力而試圖在自然和精神的所有領域中、在理論和實踐中實現嚴格科學的原則，它竭其精力而追求對哲學的存在問題和價值問題作出科學的——在它看來是「精確科學的」——解決，而自然主義的這些精力也恰好就是它的功績所在，同時也是在這個時代中它的主要力量所在。也許在整個近代生活中都沒有任何觀念比科學的觀念更強大地、更不可阻擋地向前挺進著。沒有什麼能夠阻擋它的凱旋。事實上，就其合理的目的而論，它是無所不包的。如果設想它得到了理想的完善，那麼它也就是理性本身，在它之外、在它之上也就不再可能有其他的權威。因而在這個嚴格科學的領域中肯定也包含著所有那些理論的、價值的和實踐的理想，在對這些理想進行經驗的重新闡釋的同時，自然主義也歪曲了這些理想。

18 然而，一般的信念是無足輕重的，如果它們得不到論證的話，對一門科學的希望也是無足輕重的，如果通往其目的地的道路無法被認清的話，即是說，如果作爲嚴格科學的哲學之觀念不應對這裡所標識的問題，以及對其他本質相關的問題始終束手無策，那麼我們就必須清楚地看到實現這個觀念的可能性，透過對問題的澄清、對其純粹意義的深入，必定會有這樣一些方法以完全明晰的方式湧現給我們，這些方法是上述問題的特殊本質所要求的，因而適用於這些問題。我們必須做到這一點，而且，也必須與此一致地獲得對科學的生動—活動的（lebendig-tätig）信任，並且同時獲得科學的眞實開端。在這方面，只是從結論出發而對自然主義進行這種雖然有用而必要的反駁仍然是遠遠不夠的。與此完全相反，我們還必須對自然主義的基礎、方法、成就進行必要的積極批判，而且始終是原則性的批判。由於這種批判在進行著區分和澄清，由於它迫使我們去追究那些大都含糊而多義地作爲問題而被表述出來的哲學動機之本眞意義，這種批判因而可以喚醒我們對更好的目的和道路的想像，並且積極地推動我們的意圖。帶著這個目的，我們要更詳盡地討論這門被反駁的哲學所具有的、在上面已經得到特別強調的特徵，即：**將意識自然化**。它與已涉及的懷疑結論所具有的更爲深入的聯繫將會在下面自行顯現出來，同樣，我們所提出和論證的第二個指責，即與觀念的自然化有關的指責，它所具有的範圍也會自行得到理解。

19

我們當然不會將分析批判與哲學的自然研究者所進行的那些毋寧是通俗的反思連結在一起，相反地，我們所要探討的是在眞正科學領域中出現的有學識的哲學。但我們尤其要探討這門哲學所具有的一個方法和學科，相信它已經透過這個方法和學科而最終攀緣到了精確科學的等級之上，因此，確信它已經可以輕蔑地俯視任何其他的哲學思考。即是說，其他的哲學思考與它的精確哲學思考相比，就像文藝復興時期的渾濁的自然科學面對某個伽利略的青春勃發的精確力學，或者就像煉金術面對某個拉瓦錫的精確化學。如果我們現在來探究這門精確的、雖然還只是有限地得到擴展的哲學，探問它與精確力學的相似之處，那麼人們會向我們指出心理物理的心理學，尤其是**實驗心理學**，沒有人能夠否認它具有一門嚴格科學的地位。它被認爲就是那門尋找已久，現在終於產生出來的精確科學的心理學。邏輯學和認識論、美學、倫理學和教育學透過它而終於獲得了各自的科學基礎，它們甚至已經充分地處在一個將自己改建爲實驗學科的進程之中。此外，嚴格的心理學不言而喻地是所有精神科學的基礎，同樣也是形上學的基礎。當然，就形上學而言，心理學並非是被偏好的基礎，因爲物理的自然科學也參與了對這門最普遍的現實性學說的奠基。

20 對此我們要提出以下的指責：首先，只要略加思考便可以明察到，心理學作爲事實科學，根本不能爲那些與所有規範化的純粹原則，即純粹邏輯學、純粹價值論和實踐論的原則相關的哲學學科提供基礎。我們無須進行更爲詳盡的闡述，這種闡述必定會將我們帶回到那些已經討論過的悖謬性上。但就**認識論**而言——它有別於在純粹的普全數理模式（Mathesis universalis）意義上的純粹邏輯學，後者本身與認識無關——，我們可以針對認識論的心理主義和物理主義作出一些陳述，而在這裡應當大致地說明以下幾點。

21 所有自然科學就其出發點而言都是素樸的。對它來說，它所要研究的自然是簡單地在此存在的。不言自明，事物**存在著**，作爲靜止的、運動的、變化的事物而存在於無限的空間之中，並且作爲時間性的事物而存在於無限的時間之中。我們感知它們，在素樸的經驗判斷中描述它們。自然科學的目的就在於，以客觀有效的、嚴格科學的方式來認識這種自明的被給予性。類似的情況也適用於在擴展的、心理物理的意義上的自然，或者說，也適用於那些研究著這種自然的科學，因而也就尤其適用於心理學。心理因素不是一個自爲的世界，它是作爲自我或自我體驗（此外，這個詞的意義有著很大的差異）而被給予的，從經驗上看，這類東西常常表明自身受到某些被稱作身體的物理事物的束縛，這也是一個自明的在先被給予性。現在，心理學的任務便在於，在心理因素自明地在此所處的心理物理之聯繫中，科學地探究心理因素，客觀有效地規定心理因素，發現它們的構成與變化、形成與消失的合規律性。所有心理學的規定都顯然是心理物理的規定，亦即在最寬泛意義上的心理物理規定（我們從現在起便堅持這個意義），以至於它們具有一個永遠不會缺少的物理共同含意。即使心理學——經驗科學——的意圖在於規定單純的意識事件，而不在於通常的較爲狹窄意義上的心理物理的依賴性，這些事件本身仍然被看作是自然的事件，即被看作是從屬於人的或動物的意識，這些意識本身又具有與人的身體或動物身體的自明而共曉的連結。對自然關係的排斥將會使心理因素失去在客觀時間上可規定的自然事實的特徵，簡而言之，便是失去心理物理事實的特徵。因而我們堅持：每一個心理物理的判斷自身都包含著對物理自然的實存設定，無論這種包含現在是明確的，還是不明確的。

22 據此而得到一種說法：如果有這樣一些關鍵性的論據可以證明，物理的自然科學不是特殊意義上的哲學，它們永遠不能被視作哲學的基礎，並且只有根據先行的哲學才能獲得爲形上學目的而進行的哲學評價，那麼這些論據必定都可以直接運用在心理學上。

而現在我們絕不缺乏這類的論據，只需回憶一下「素樸性」便可。

根據以上所述，自然科學是帶著一種素樸性而將自然作爲被給予的接受下來，這是一種

23 在自然科學中可以說是不朽的素樸性，例如：每當自然科學在其進程中達到一個向素樸經驗回溯的地方時，這種素樸性都會一再地重複自己——而**所有**經驗科學的方法最終都恰好會回歸到經驗之上。誠然，自然科學在**它自己的**方式中也是極具批判性的。單純分散的經驗即使眾多，自然科學也遠遠不會滿足。在對經驗的方法排列和連結中，在經驗與思考之間具有邏輯確定之規則的相互作用中，有效和無效的經驗得到區分，每一個經驗都獲得其分等的有效價值，而客觀有效的認識、自然認識便得以形成。我們只要還**處在**自然科學**之中**，並且還在它的觀點中思考，這種經驗批判便能夠滿足我們。但儘管如此，一種完全不同的經驗批判仍然是可能的，而且是不可或缺的，這是一種對整體經驗一般提出質疑並且同時對經驗科學的思維提出質疑的批判。

24 作爲意識的經驗如何能夠給予一個對象或切中一個對象；經驗如何能夠透過經驗來相互證明或相互糾正，而不僅僅只是主觀地揚棄自身或主觀地加強自身；一個經驗邏輯意識的遊戲如何會意味著客觀的有效，意味著對自在、自爲存在事物的有效；意識的遊戲規則爲何對事物並非無關緊要；爲什麼自然科學應當在任何一個方面都是可以被理解的，只要它以爲在其每一個步驟中都設定並認識了自在存在的自然——相對於意識的主觀河流而言的自在存在——，一旦反思嚴肅地朝向這些問題，它們便都變成了謎。眾所周知，認識論這門學科的偉大研究者們在這些問題上已經鑽研了許久時間，但至今爲止也無法在科學上清晰地、一致地、決斷性地回答這些問題。

25 如果我們維持在這個問題的水準上，那麼只需要嚴格地保持前後一致（而**所有**至此爲止的認識論顯然缺乏這種一致），就可以明察到一門「自然科學認識論」的**悖謬**，也就是說，我們同樣可以明察到任何一門心理學認識論的悖謬。一般說來，如果自然科學的某些謎題是原則上內在的，那麼不言而喻，對它來說，根據前提和結果而進行的解謎就原則上是超越的。如果我們想期待自然科學本身來解決任何一個附著於自然科學**本身**的問題，即一個完全貫穿地、自始至終地附著於它的問題，或者甚至只是認爲，自然科學可以爲解決這樣一個問題提供某些**前提**，這都將意味著我們置身於一個悖謬的循環之中。

26 很明顯，在一門應當保持其一致意義的認識論中，任何一種對自然的科學設定與任何一種對自然的前科學設定都必須始終被排斥，因爲如此，**所有**隱含著對事物性連同空間、時間、因果性等等的**理論**實存設定的陳述也必須始終被排斥。這一點顯然也延伸到所有那些與研究者的此在、他們的心理能力等等有關的實存設定上。

27 此外，如果認識論仍然想要研究意識與存在的關係問題，那麼它就只能將存在看作是意識的相關項（Correlatum），看作是合乎意識的「被意指之物」：看作是被感知之物、被回憶之物、被期待之物、被圖像表象之物、被想像之物、被認同之物、被區分之物、被相信之物、被猜測之物、被評價之物，以及如此等等。人們爾後便會看到，研究的方向必須朝向一種對意識的科學本質認識，朝向意識**本身**在其所有可區分的形態中按其**本質**之所「是」的東西，但同時也朝向意識所「**意指**」的東西，以及朝向那些各種不同的方式，意識便以這些方式——根據它的各種形態的本質，時而清晰、時而含糊，時而當前呈現地、時而當前化地，時而符號性地、時而圖像性地，時而素樸地、時而透過思維媒介地，在這種或那種關注式中，並且如此而在無數其他的形式中——意指著**對象之物**，並且有可能將它「表明」爲「有效」、「現實」的存在之物。

28 任何一類對象，如果它想成爲一種理性話語的客體，想成爲一種前科學認識、爾後是科學認識的客體，那麼它就必須在認識中，也就是在意識中顯示自身，並且根據所有認識的意義而成爲**被給予性**。所有意識種類，只要它們在認識的標題下受到所謂目的論的調整，並更進一步說，只要它們根據不同的對象—範疇而得到分類——作爲與它們特別相符的認識功能類型而得到分類——那麼它們就必定可以得到研究，即在它們的本質聯繫中以及在它們對其所含的各種被給予性意識形式的回溯中得到研究。這樣，所有認識行爲都會面臨的合法性問題的意義便必定可以不言而自明，被論證的合法性證明之本質以及觀念的可論證性或有效性的本質便必定可以得到澄清，而且這是對所有認識階段而言，在最高階段上則是對科學認識而言。

29 對象性**存在著**，並且在認識上表明自身存在著，而且是如此地存在著；這樣一種說法必須純粹從意識本身出發而成爲明見的，並因此而成爲完全明晰的。爲此而需要研究**整個**意識，因爲意識會以它的所有形態出現在可能的認識功能之中。但只要任何一個意識都是「關於……的意識」（Bewußtsein von），那麼對意識的本質研究也就包含著對意識之意指和意識之對象本身的本質研究。根據其普遍的本質來研究某一類型的對象性（這種研究可以去關

30

注那些遠離認識論和意識研究的興趣），這就意味著，探討這些對象性的被給予方式，並且在從屬的「澄清」過程中窮盡它們的本質內涵。哪怕這裡的觀點不是那種朝向意識方式及其本質研究的觀點，澄清的方法也會帶有這樣的結果：即使在這裡也無法缺少對被意指方式和被給予方式的反思。但反過來，對於意識的本質分析而言，對所有對象性的基本種類的澄清無論如何是不可或缺的，這種澄清因此而一同包含在意識的本質分析之中；而在認識論的分析之中就更是會包含著這種對象性澄清了，認識論的分析甚至將相關性的研究視作自己的任務。據此，我們將所有那些即使是相對可分的研究都納入到**現象學**的標題下面。

我們因此而涉及一門科學——我們當代人還無法想像它的巨大範圍——，這門科學雖然是關於意識的科學，卻不是心理學，它是一門**與意識相關的自然科學**相對立的**意識現象學**。由於這裡所涉及的不是一個偶然的歧義，因此事先就可以預知，在現象學與心理學之間必定存在著密切的關係，只要兩者都與意識有關，雖然是以不同的方式、不同的「觀點」，我們以此想表達的是：心理學與「經驗意識」有關，與經驗觀點中的意識有關，這種意識是自然聯繫中的此在者；相反，現象學則與「純粹」意識有關，即與在現象學觀點中的意識有關。

31 如果這是正確的，那麼就會有這樣的結果產生：儘管心理學實際上不是哲學並且也不可能是哲學，但出於根本性的原因，心理學必然與哲學相距較近，並且它的命運就在於，它必然始終與哲學最緊密地結合在一起。最後，我們可以預見到：任何一門心理主義認識論之所以得以形成的原因必定在於，在偏離認識論問題之本眞意義的情況下，它對經驗意識與純粹意識作出一種或許是易於理解的混淆，或者換言之，它將純粹意識「自然化」。

實際上，這就是我的看法，以下會繼續對它進行若干闡釋。

32 誠然，剛才在泛泛的提示中，尤其是就心理學與哲學之間親緣性所談到的那些內容，很少適合於**現代的精確心理學**，這種心理學對於哲學來說不會太陌生。但是，縱使這種心理學憑藉實驗的方法將自己看作是唯一一門科學的心理學，並且可以自上而下地去俯視那些「書桌—心理學」，我仍然不得不聲明：若以爲它就是**那種**心理學，即完全意義上的心理學科學，那麼這種看法將是一個有嚴重後果的錯誤。貫穿在這門心理學中的基本特徵是撇開任何直接的和純粹的意識分析——即對那些在不同的可能的內在直觀方向中呈現出來的被給予性所進行的系統「分析」和「描述」——，只去進行所有那些對心理學的或在心理學上相對重要之事實的間接確定，而這些事實在不經上述意識分析的情況下具有一種至少可以外在地得到理解的意義。就它對心理—物理規則所進行的實驗確定而言，這門心理學所依據的恰好是粗糙的類概念，諸如：感知、想像直觀、陳述、計算與誤算、測量、再認、期待、保留、遺忘等。當然，它們用於操作的這些概念的基礎，反過來也限定了它所作出的各個確定以及它所能觸及的各個確定之範圍。

33 或許可以說，實驗心理學與原心理學的關係就類似於社會統計學與原社會學的關係。這樣一種統計學收集著珍貴的事實，在它們之中發現珍貴的規則，但卻是那種極爲間接的事實和規則。唯有一門原社會學才能對它們進行闡發的理解、眞實的解釋，這種原社會學也就是指一門使社會學現象直接地被給予，並且根據這些現象的本質來進行研究的社會科學。與此相似，實驗心理學是一種方法，它可以確定珍貴的心理物理事實和規則，但如果沒有系統的、對心理因素進行內在研究的意識科學，這些事實和規則便不可能得到更爲深入的理解和最終科學的評價。

34 精確心理學並沒有意識到，這裡便是它運作的一個巨大缺陷所在，它越是激烈地反對自身觀察的方法⑤，越是竭力想透過實驗方法來克服**這種方法的**缺陷，它也就越是意識不到這

---

⑤「自身觀察」（Selbstbeobachtung）的方法也被譯作「內省法」。——譯注

一點。但對於這裡所要做的工作來說，可以證明這種實驗方法是無能爲力的。這裡的實事恰好是心理的實事，然而它的壓迫過於強大，以至於這裡時而也會有意識分析進行。只是這些意識分析通常帶有現象學的素樸性，它與那種無可置疑的嚴肅性形成奇特的對照，心理學正是帶著那種嚴肅性來追求精確，並且在某些領域中（如果就其目的而言說得謙虛的話）也達到了精確。後一種情況是指：那些實驗性的確定涉及一些主觀感性的現象，對這些現象的描述和標識完全可以像對「客觀」現象的描述和標識那樣進行，即：無須將任何可過渡到本眞意識領域之中的概念與澄清納入。此外，後一種情況還意味著：那些實驗性的確定關係到一些大致得到界定的本眞心理因素的類型，它們無須更爲深入的意識分析而從一開始就可以充分地呈現出自身，只要人們願意放棄對這些確定的本眞心理學意義進行追究。

35

但所有澈底的心理學在偶爾進行分析時都會發生誤差，其原因在於，只有在一門純粹的和系統的現象學中，需要做的工作的意義和方法才會表露出來，同時表露出來的還有在意識差異方面的巨大財富，對於那些沒有方法經驗的人來說，這些意識差異是毫無區別地交融在一起。以此方式，現代的精確心理學恰好是因爲它已經將自己視爲方法完善的和嚴格科學的，從而實際上也就成爲不科學的，無論它多想去追究那些出現在心理物理規則中的心理因素的意義，也就是說，無論它如何想努力去獲取眞實的心理學理解，這一點反過來也表現在所有這樣的部分情況中，即：在人們努力獲取更深入認識的過程中，對心理因素未澄清的表象之缺陷將會導致含糊不清的提問，並因此導致單純的虛假結果。只要涉及對交互主體的事實聯繫的確立，實驗方法便是不可或缺的。但它預先設定了一個無法由實驗來完成的東西，即對意識本身的分析。

36 少數幾個心理學家，如斯圖姆夫（K. Stumpf）、利普斯（Th. Lipps）以及其他一些與他們相近的人，已經認識到實驗心理學的缺陷，他們能夠尊重由布倫塔諾所作出的劃時代意義的研究成果，並且努力繼續由他開始的對意向體驗的分析描述研究。但他們或是沒有得到實驗方法的狂熱信徒們的充分承認，或是只有當他們進行實驗活動時才僅僅在這方面得到尊重，使自己一再被攻擊爲經院學者。未來的人們將會感到十分驚奇：近代第一次嚴肅的、以唯一可能的內在分析方式，或者我們可以更明確地說，以本質分析的方式對內在進行研究的嘗試，何以會被斥作是經院學者，並且被撇在一旁。這其中的原因無非在於，這些研究的自然出發點是對心理的通俗語言標識，爾後，在這些標識的含意得以成立的過程中，問題便會指向那些與此種標識，首先是含糊而歧義地相關聯的現象。當然，經院論的本體主義也受語言的引導（這並不是說，所有經院論的研究都是本體主義的研究），但它的失誤就在於從語詞含意中得出分析判斷，在於認爲以此便獲得了對事實的認識。現象學的分析家根本不從語詞概念中獲取判斷，而是深入到那些由語言藉助於相關的語詞而喚起的現象中，或是進一步到那些構成對經驗概念、數學概念等完全直觀之實現的現象中——難道這些學者**爲此**也需要被打上經院學者的烙印嗎？

37

需要考慮的是：所有心理因素，只要它們作爲心理學以及現象學的第一研究客體是在完全具體的情況中被接受，它們便都具有一個或多或少複合的「關於……的意識」的特徵。這個「關於……的意識」具有各式各樣的豐富形態，所有那些在研究初始被用來進行自身闡述和客觀描述的表述都是流動的和多義的，因此，不言而喻，最初的開端只能是對那些首先可見的、最粗糙的歧義作出澄清。對科學語言的最終確定以對現象的完備分析爲前提——這是一個遙遠的目標。只要這個分析尚未完成，那麼從外表上看，研究的進步便還是在一個大範圍中進行，並且是以這樣一種形式進行，即：證明那些在以往研究中被誤認爲已確定下來的概念所具有的新的、現在才可見的多義性。這顯然是不可避免的，因爲它根植於實事的本性之中。爾後便可以去評判，那些心理學精確性和科學性的天職維護者們是帶著什麼樣的理解深度和蔑視方式在談論單純「字面的」、單純「語法的」和「經院的」分析。

38 在激烈反對經院學說的時期曾有這樣的口號：拋棄空洞的語詞分析。我們必須探問實事本身，回到經驗，回到直觀，唯有它們才能賦予我們的語詞以意義和合理的權利。這是完全確切的！但什麼是實事，什麼是我們在心理學中必須回溯於其上的經驗？難道我們在實驗中透過提問而從受實驗者那裡獲得的陳述就是實事？而對他們的陳述的闡述就是關於心理的「經驗」？實驗主義者們自己會說，這只是派生的經驗，原生的經驗是處在受實驗者本身那裡，而在實驗著、解釋著的心理學家這方面，原生的經驗則處在他們自己以往的自身感知之中，這些自身感知完全有理由不是自身觀察，完全有理由可以不是自身觀察。實驗主義者們非常自豪的是，他們在對自身觀察的批判方面以及在對那種僅僅建基於自身觀察之上的書桌—心理學的批判方面占了上風，他們如此地建構了實驗方法，使它只是「在偶然的、非預期的、非有意引入的經驗的形式中」利用直接的經驗⑥，並且完全排斥那些受到惡意中傷的自身觀察。撇開這裡的強烈誇張不論，即使在這**同一個**趨向上還無疑地存在著好的東西，但

⑥ 可參閱馮特（W. Wundt）的《邏輯學》（*Logik*），第二卷，第二版，第一七〇頁。

39

另一方面也必須指出這門心理學的一個在我看來是原則性的失誤，即：它將那些在對陌生經驗的同感理解中進行的分析，同樣也將那些在同時未被注意的本己體驗基礎上進行的分析，與一種（即使是間接的）物理自然科學的經驗分析置於同一個層面上，它以此方式實際上便相信：它在原則相同的意義上是一門關於心理的經驗科學，就像物理的自然科學是關於物理的經驗科學一樣。它忽略了某些意識分析的種類特性，這些意識分析必須先行，這樣，素樸的經驗（無論它們現在是觀察的經驗，還是不觀察的經驗，無論它們是在現時的意識當前範圍內進行的經驗，還是在回憶或同感範圍內進行的經驗）才能夠成爲科學意義上的經驗。

讓我們來試著說明這一點。

心理學家們認爲，他們對於心理學的所有認識都歸功於經驗，即歸功於那些素樸的回憶或回憶中的同感，據說它們是借助於實驗的方法藝術才成爲經驗推理的基礎。然而，對素樸經驗被給予性的描述，以及與此並肩進行的對這些經驗被給予性的內在分析和概念把握，這些都是借助於概念基礎來進行的，這些概念的科學價值對於所有其他的方法步驟來說是決定性的。略作思考便可以察覺到，由於實驗性提問的和方法的整個本性所至，這些概念在進一步的操作中始終沒有被涉及，因此可以說，它們是自己進入到最終結果中，即進入到被要求的科學的經驗判斷中。另一方面，它們的科學價值不可能從一開始便在此，也不可能產生於那些受實驗者的和實驗引導者的眾多經驗之中，這種價值根本不可能從經驗確定中邏輯地獲取，而這便是現象學本質分析所處的位置。對於自然主義的心理學家來說，這種現象學的本質分析聽起來是不尋常、不系統的，即便如此，它也絕不是並且不可能是經驗分析。

40

自洛克以來直至今日，有兩種信念被混爲一談：一種是從經驗意識發展史中獲得的信念（它也是心理學的預先設定），即每一個概念表象都「產生於」以往的經驗之中；另一種信念是指，每一個概念都是從諸如描述性的判斷中獲取在其可能使用方面的合法根據，這一點在這裡便意味著：只是在對**現實**的感知或回憶所提供的東西的**觀看**中，才能找到經驗意識之有效性的合法根據，找到它的有本質性或無本質性的合法根據，以及進一步找到它在現有的個別情況中的有效可用性的合法根據。我們描述地運用感知、回憶、想像、表象、陳述等這樣的語詞。這裡的任何一個語詞都指示著內在構成部分的豐富性，我們並沒有在被描述之物中分析地找到這些構成部分，而是以對被描述之物「立義」的方式將這些內在的構成部分納入到被描述之物中。難道在通俗的意義上，在那種含糊的、完全混亂的意義上——我們不知道這些詞語是如何在意識「歷史」上獲得這些意義的——使用這些語詞就足夠了嗎？即使我們知道這一點，這種歷史對我們又有什麼用，它不會改變這樣一個事實，即：這些含糊的概念是含糊的，並且由於它們自己所具有的這種特徵而顯然是不科學的。只要我們沒有更好的概念，我們便可以盡可能的去使用它們，並且同時相信，為了生活實踐的目的已經用它們作出足夠、粗略的區分。但如果一門心理學沒有對那些**規定著**其客體的概念進行科學的確定和方法的加工，這門心理學難道能夠配得上「精確性」的稱號嗎？當然不能，就像一門滿足於重、熱、量等日常概念的物理學配不上「精確性」這個稱號一樣。現代心理學不想成為關於「心靈」的科學，而想成為關於「心理現象」的科學。如果它眞想成為這種科學，就必須在概念的嚴格性中描述和規定這些概念。它必須已經在方法工作中獲得這些必要的、嚴格的概念。可是在「精確的」心理學中，何處曾進行過這種方法工作呢？我們在眾多的文獻中對此進行尋找，而結果卻是徒勞無功。

41 自然的、「混亂的」經驗如何會成為科學的經驗，客觀有效的經驗判斷如何能夠得到確定，這個問題是任何一門經驗科學方法上的基本問題。它不必以抽象的方式，至少不必以哲學上純粹的方式被提出和被回答：在歷史上，它已經透過行動而得到回答，確切地說，經驗科學的天才開創者們具體直觀地把握到了必然經驗方法的意義，並透過他們在一個可觸及的經驗領域中進行的純粹探究，使一部分客觀有效的經驗規定得以形成，並且因此使這門科學得以開始。他們並不將這種先行活動的動機歸功於某種天啟，而是歸功於對經驗本身之**意義**的深入，或者說，對在經驗中被給予的「存在」之意義的深入。因爲，儘管它是「被給予的」，這種被給予也只是在「含糊的」經驗中「混亂地」被給予，故而必定會有這樣的問題出現：現在眞實的情況如何，如何來客觀有效地規定它。在這裡，「如何」是指：透過哪些更好的「經驗」以及哪些糾正性的「經驗」——透過哪種方法。眾所周知，就外部自然的認識而言，從素樸經驗到科學經驗，從含糊的日常概念到完全清晰的科學概念，這個關鍵性的步驟乃是通過伽利略才得以完成的。在心理認識方面，在意識領域的認識方面，我們雖然有「實驗—精確的」心理學，它自認爲是精確的自然科學的完全合法的對應——但即使它自己根本沒有意識到這一點，它在主要方面仍然處於**前**伽利略時期。

42 誠然，它自己沒有意識到這一點，這或許是令人驚訝的。我們的理解是，在科學之前的素樸自然探索術（Naturkunde）並不缺少自然經驗，即並不缺少所有那些在自然經驗本身之聯繫中不能借助於自然—素樸的經驗概念而被製作出來的東西。他們在其素樸性中只是沒有想到，事物是有一個「自然」的，而這個自然是可以透過某些精確的概念而在經驗—邏輯的進程中得到規定的。但帶著它的那些機構和精密設施，帶著它的敏銳地設想出來的方法，心理學完全有理由感覺到自己已經超越以往時代的素樸的經驗心靈探索術（Erfahrungsseelen-kunde）的層次之上，尤其是它也並不缺少對方法所進行的一再更新的反思，否則，它怎麼會忽略這個原則上最爲本質的東西呢？它怎麼會忽略這一點，即：爲它的那些甚至是不可或缺的純粹心理學概念必然地賦予一個內容，這個內容不是簡單地取自於那些在經驗中眞實地被給予之物，而是被運用在這個被給予之物之上？它怎麼會在每當接近心理的意義時，便不可避免地要對這些概念內容進行分析，並且承認相應的現象學聯繫是有效的，這些聯繫被它運用在經驗上，但卻相對於經驗而言是先天的？它怎麼會忽略這一點，即：只要實驗方法眞的想進行心理學的認識，它的前提就不能透過它自己來論證，而且它的進程根本有別於物理學，因爲物理學原則上恰好要排斥現象之物，以便去尋找那個在其中展示出自身的自然，而心理學卻正想成爲一門關於現象本身的科學？

43 現在，心理學恰好能夠並必須忽略這所有的一切，乃是由於它所抱持的自然主義觀點。由於它極爲熱情地仿效自然科學並將實驗進程看作是主要任務，在它對心理物理實驗可能性所作的艱苦的、常常是敏銳的思考中，在對實驗的試驗程式的設想中，在對最細微的設施的建構中，在它對可能的錯誤源泉的查找中，以及類似相關的工作中，它恰好疏忽了對這個問題的更深入探究：可以透過何種方法來使那些本質上已進入心理學判斷中的概念擺脫其混亂的狀態，達到清晰和客觀的有效狀態。它疏忽了對此問題的考慮：心理因素在何種程度上不是對一個自然的展示，而是具有一個「本質」，這個本質是它所特有的本質，它可以在所有心理物理學之前便得到嚴格並且完全相適的研究。它沒有考慮心理物理經驗的「意義」何在，心理意義上的存在會**自發地**向方法提出何種「要求」。

44

經驗心理學從十八世紀初以來便飽受困擾，這些困擾來自以物理—化學方法爲樣板的自然科學方法之欺騙形象。人們十分地確信：原則一般地看，所有經驗科學的方法都是同一個，因此，在心理學中的方法也就是在關於物理自然的科學中的方法。正如形上學長期以來便受困於或是對幾何學、或是對物理學的錯誤效法一樣，同一個過程也在心理學領域中重複。並非無關緊要的是這樣一個事實：實驗—精確心理學的上一輩研究者都是生理學家和物理學家。眞正的方法所追隨的是被探究的實事的本性，而不是去追隨我們的成見和榜樣。自然科學的工作是在素樸—感性現象中將那些客觀事物連同其精確的客觀屬性從事物的含糊主體性中提取出來。於是人們對自己說，心理學也必須如此對素樸見解的心理學—含糊之處作出客觀有效的規定，而客觀的方法可以做到這一點，這種方法不言而喻就是自然科學中的實驗方法，它已經透過無數次的成功而得到輝煌的證實。

45 然而，經驗的被給予性如何得到客觀的規定，而「客觀性」和「對客觀性規定」各自具有何種意義，實驗方法可以接受何種功能，這些都取決於這些被給予性的本己意義，或者說，取決於有關經驗意識（作爲一種恰好對這個而非對那個存在者的意指）根據其本質所賦予這些被給予性的意義。追隨自然科學的**榜樣**，這幾乎就不可避免地意味著：將意識事物化，而這從一開始就會讓我們落入悖謬之中，如此便會一而再、再而三地流露出朝向悖謬的提問和錯誤的研究方向的趨向。讓我們來更切近地考慮這個問題。

46 空間和時間的物體世界是唯一確切意義上的自然。所有其他的個體此在、心理因素都是在第二意義上的自然，而這便規定了自然科學方法與心理學方法的根本本質區別。原則上，唯有物體的此在才可以在眾多直接經驗中，即在感知中，作爲個體同一者而被經驗到。當各個感知被看作是由各個「主體」所分別具有時，唯有這個同一者才能被許多主體經驗爲一個個體同一者，並且被描述爲交互主體的同一自身（Selbiges）。同一的事物性（事物、過程等）處在我們所有人的眼前，並且可以被所有人根據它們的「自然」來加以規定。但它們的「自然」意味著：在對多重變換的「主觀顯現」的經驗中展示著自身的同時，它們仍然是作爲或持久或變化的各種特性之時間統一而處於此，而且它們是處在一個將它們一切都連結在一起的聯繫之中，這個聯繫是同一個物體世界連同同一個空間、同一個時間的聯繫。它們是它們之所是，但只有在這個統一中，只有在相互的因果關係或相互的連結之中，它們才能獲得它們的個體同一性（實體），獲得這個「實在屬性」的載者。所有事物—實在的屬性都是因果的，每一個物體此在都服從可能變化的規律，而這些規律涉及同一個東西，即事物，不是自爲的事物，而是在統一的、現實的和可能的同一自然聯繫中的事物。每一個事物都具有**它的**「自然」（作爲它之所是的總和，**它**是指：這個同一之物），因爲它是在同一個大全自然之內諸因果性的統一點。實在的（事物—實在的、物體的）屬性標誌著一個同一之物在因果規律上得到先示的變化可能性，也就是說，這個同一之物就其而言，只有透過向這些規律的回溯才能得到規定。但事物性是作爲直接經驗的統一、作爲雜多感性現象的統一而被給予的。這些在感性上可把握的不變、變化與變化依賴性始終爲認識提供著指引，而且它們對認識來說彷彿就起著「含糊的」媒介的作用，在此媒介中展示著眞實、客觀、物理—精確的自然，並且在這一切中都貫穿著思維（作爲科學的經驗思維）對眞實之物的析出規定和析出構造⑦。

所有這一切都不是某些虛構地附加給經驗的事物和對事物之經驗的東西，而是不可取消地從屬於它們的本質的東西，而且是如此地從屬，以至於每一個對事物之**眞實**所是——這個事物作爲被經驗之物始終顯現爲某物、存在者、被規定者，並同時顯現爲可規定者——的直觀而一致的研究，都必然被引渡到因果聯繫之中，並且最終在對相應的、作爲合規律屬性的客觀屬性的規定中得以完成。因而自然科學所堅持探究的只是這樣一些東西的意義，可以說，它們也就是作爲被經驗之物的事物本身所要求的東西。自然科學非常含糊地將此稱作：「排斥第二性質」，「排斥在現象上的單純主體因素」，「堅持剩餘下來的第一性質」。然而這不僅僅是一種含混的表達，更是對其好的運行而言的壞的理論。

⑦ 在這裡需要注意的是，自然科學的直觀和思維始終是在現象性這個媒介中活動，而這個媒介並沒有成爲自然科學思維本身的課題。它現在成爲新的科學課題，成爲心理學（也包括相當一部分的生理學）和現象學的課題。

48

現在我們要轉向「心理」的「世界」，並且要限制在那些「心理現象」上，即那些被新的心理學看作是其客體領域的「心理現象」——也就是說，我們先不去考慮那些與心靈和自我有關的問題。因此我們要問，是否在每一個對心理的感知中也像在每一個物理經驗和事物感知的意義上一樣包含著「自然」客體性呢？我們馬上看到，心理領域中的情況完全不同於物理領域中的情況。心理將自身劃分到（這個說法只是比喻，而不是在形上學的意義上）各個單子之上，這些單子沒有窗戶，只能透過同感來進行交往。心理存在、作爲「現象」的存在，原則上不是一個可以在諸多特殊感知中作爲個體同一統一而被經驗到的統一體，甚至不是在對同一個主體的諸多感知中的統一體。在我看來，在心理領域中不具有現象和存在的區別，並且，如果自然是一個在現象中顯現的此在，那麼這些現象本身（心理學家將它們看作是心理的東西）又是一個透過後面的現象而顯現出來的存在——任何一個對任意現象之感知的反思都可以清楚地指明這一點。因此可以看出：實際上只有一**個**自然，即在事物現象中顯現的自然。所有那些被我們在心理學的最寬泛意義上稱作心理現象的東西，睜眼一看，這些都只是現象，而**不是**自然。

312

49

因此，一個現象不是一個「實體的」統一，它不具有「實在的屬性」，不帶有實在的部分，不帶有實在的變化和因果性：這些話語都是在自然科學的意義上被理解。將自然歸諸於現象，探問現象的實在規定部分，研究現象的因果聯繫——這是一種純粹的悖謬，無異於想去詢問數位的因果屬性、聯繫等等。這是自然化的悖謬，自然化在這裡是指對這樣一個東西的自然化，這個東西的本質排除了作爲自然的存在。一個事物就是它之所是，並在它的同一性中永遠是它之所是：自然是永恆的。那些實際上歸屬於一個事物——自然事物，不是實踐生活中的感性事物，不是「如其感性地顯現出來的」事物——之實在屬性或屬性變異的東西，是可以得到客觀有效規定的，並且可以在不斷的新經驗中得到證實或糾正。另一方面，一個心理的東西、一個「現象」則會來了又去，它不表明任何恆久的、同一的存在，不表明那種本身可以在自然科學意義上得到客觀規定的存在，例如被規定爲在構成部分中客觀可分的、在本眞的意義上「可分析的」。

50 心理存在「是」什麼，對此我們無法從同一個對物理有效之意義上的經驗中得知，心 313
理甚至不被經驗爲顯現者，它是「體驗」，並且是在反思中被直觀到的體驗，它透過自身而顯現爲自身，在一條絕對的河流中，作爲現在和已經「漸減著的」（abklingend），以可直觀的方式不斷向一個曾在（Gewesenheit）回落。心理也可以是被再回憶的東西，並因此可以是以某種變異的方式被經驗的東西，而在「被再回憶的東西」中包含著「曾被感知的東西」，並且是可以「一再地」被再回憶的東西，在各個統一於一個意識的再回憶中，這個意識將這些再回憶又意識爲被再回憶的東西，或意識爲還在把握之中的東西。在這個聯繫中，在這個唯一的聯繫中，作爲這些「重複」的同一之物，心理可以先天地「被經驗爲」並且被認同爲是存在著的。這樣，我們同樣可以說，所有心理，即所有被經驗到的東西，都可以被納入到一個包容性的聯繫之中，納入到一個「單子的」意識統一之中，一個不再與自然、空間和時間、實體性和因果性相關，而是具有其完全獨特「形式」的統一。這是一條兩方面無邊無際的現象流，帶著一條貫穿的意向主線，它可以說就是那個穿透一切的標記，即那個無始無終的內在「時間」主線，這是一種無法用計時器來測量的時間。

51 當我們在內在直觀中追複觀看（nachschauen）現象流時，我們從一個現象走到另一個現象（每一個現象都包容著一個在此河流中的統一，也包容著在流動中的自身），並且永遠只能走向現象。唯有當內在直觀和事物經驗得到綜合時，被直觀的現象（即在內在直觀中純粹被直觀之物）與被經驗的事物才會發生聯繫。透過事物經驗和這種關係經驗的媒介，同感便作爲一種對心理的間接直觀而出現，它的特徵在於，它是一種對一個第二性的單子聯繫自身的看入（Hineinschauen）。

52 現在，在這個領域中，類似於理性研究、有效陳述這樣一種東西究竟在何種程度上是可能的呢？就像我們剛才作爲最粗糙的（完全撇開各個維度不論）描述而給出的那種陳述究竟在何種程度上是可能的呢？不言而喻，這裡的研究將會是有意義的，只要它純粹地獻身於那些作爲對「心理」的經驗而給予自身的「經驗」的意義，只要它在這裡如此地接受「心理」，並試圖規定「心理」，就像它，這個如此被直觀的東西，可以說是要求被接受和被規定的那樣。也就是說，只要人們先不去進行悖謬的自然化。我們說過，必須如此地接受現象，就像它們自身給予的那樣，即：作爲它們之所是的這個流動著的意識到、意指、顯現，作爲這個前景意識到和背景意識到，作爲意識到的當下呈現之物（Gegenwärtiges）或前當

53

下呈現之物（Vorgegenwärtiges），作爲被想像之物或被符號化之物或被映射之物，作爲直觀性的東西或空乏表象性的東西，諸如此類。在這裡，這些現象也在這個或那個觀點的變換中，在這個或那個關注模式的變換中進行這樣或那樣的反轉和變形。所有這一切都帶有「關於……的意識」、「具有」一個「含意」以及「意指」一個「對象之物」的標題，而「對象之物」——無論從某個立場出發將它稱作「臆造」還是稱作「現實」——可以被描述爲「內在對象之物」、「被意指之物本身」，它在這個或那個意指模式中被意指。

人們可以順應這個「經驗」領域的意義，在這裡進行研究、陳述，在明見性中進行陳述，這是絕對明見的。當然，正是對上述要求的堅持才是困難所在。此處所要進行的研究是一致的還是悖謬的，這完全取決於「現象學」觀點的一貫性和純粹性。我們不容易克服那種原生的習慣，即在自然主義的觀點中生活和思考，並因此對心理進行自然主義的歪曲。此外，明察到這一點也非常重要：事實上，一種對心理（在這裡所使用的最寬泛的現象之物的詞義上）的「純粹內在」研究是可能的，這種研究的特徵剛才已經得到一般的描述，它對立於那種對心理的心理—物理研究，這後一種心理—物理的研究尚未被我們考慮過，它當然也有自己的權利。

54 現在，如果內在的心理本身不是自然，而是自然的對應項，那麼我們所研究的心理因素之「存在」究竟又是什麼呢？難道它不是那個在「客觀」同一性中可以被規定爲具有一再可把握、經驗科學可規定和可證實的實在屬性的實體統一嗎？難道它不是那個可以從永恆之流中被提取出來的東西嗎？難道它是一個不能成爲交互主體有效性之客體的東西嗎？——我們如何能夠把握它、規定它，將它作爲客觀統一而確定下來？但對此必須做以下的理解，即：我們始終停留在純粹現象學的領域以內，且不去考慮與事物經驗的身體和與自然的聯繫。這樣，答案便是：如果現象本身不是**自然**，那麼它們便具有一個在直接的觀看中可把握且是全適地（adäquat）可把握的**本質**。所有那些透過直接的概念來描述現象的陳述都在進行著這種全適的本質把握，只要這些直接概念是有效的，也就是說，只要它們是本質概念，是一些必定可以在本質直觀中得到兌現的概念語詞含意。

55 應當正確地把握這個所有心理學方法的最終基礎。我們所有人起先都處在自然主義觀點的束縛之中，它使我們無法撇開自然不顧，並且因此使我們無法在純粹的、而非心理物理的觀點中，將心理作爲直觀研究的對象，這種束縛阻礙了通向一門偉大的、有著無比豐富成果的科學的道路，這門科學一方面是一門**完全科學的心理學**的基本前提，另一方面則**是**一個眞正的**理性批判**的領域。原生的自然主義的束縛還表現在：它使我們難以看到「本質」、「觀念」；或者，由於我們可以說是始終看到這些「本質」、「觀念」，不如說是它使我們難以承認這些「本質」、「觀念」的本己特性，而是相反地對它們進行悖謬的自然化。本質直觀並不比感知隱含更多的困難或「神奇的」祕密。如果我們在直觀上使「顏色」成爲充分的清晰性、充分的被給予性，那麼這個被給予之物便是一個「本質」，同樣，如果我們在純粹直觀中，例如：從一個感知看到另一個感知，從而使「感知」、感知的自身之所是——在隨意的、流動的各個感知單數中的同一者——成爲被給予性，那麼我們便以直觀的方式把握到了感知這個本質。直觀、直觀性的意識到伸展得有多遠，相應的「觀念化」（如同我在《邏輯研究》中常說的）或「本質直觀」便伸展得有多遠。直觀在多大程度上是純粹的，在多大程度上不帶有任何超越的共指（Mitmeinung），被直觀到的本質便在多大程度上是一個全適地被直觀到的東西、一個絕對的被給予之物。即是說，純粹直觀的統轄區也包含了爲心理學家所占據的整個區域，即「心理現象」的領域，只要他是純粹自爲地、在純粹的內在性中來接受這些現象。這些在本質直觀中被把握到的本質可以在堅實的概念中得到確立，至少是在相當大的範圍內得到確立，並且因此而爲堅實的和以其方式客觀而絕對有效的陳述提供了可能，對於每一個無成見的人來說，這都是不言而喻的。最底層的顏色差異、最終的微差或許會嘲笑這種確立，但與「聲音」不同的「顏色」是一個如此可靠的區別，以至於在整個世界上沒有什麼比這更可靠了。而這樣一種絕對可區分或可確立的本質不只是感性「內容」和現象（「可見事物」、幻象以及其他等等）的本質，也是所有確切意義上的心理因素的本質，是所有自我—「行爲」和自我—狀態的本質，它們與那些已知的標題相符合，如感知、想像、回憶、判斷、感情、意願，連同它們的所有無數特殊形態。在這裡始終被排斥在外的是最終的「微差」，它們屬於這條「河流」的不可規定之物，而這種流動的可描述的類別重又具有其「觀念」，這些觀念被直觀地把握並確立，它們使絕對的認識得以可能。每一個心理學的標題，如感知和意願，都是「意識分析」的最廣泛區域，亦即本質研究的最廣泛區域的標題。這裡關係到一個極爲寬泛的領域，在這方面，唯有自然科學能夠與這個領域相比擬——無論這聽起來是多麼奇特。

56 但這是一個具有決定性意義的認識：本質直觀絕不是在感知、回憶或相似的行爲意義上的「經驗」，此外，它也絕不是一種經驗的普遍化，即在其意義中實存地共設了經驗個別性之個體此在的經驗普遍化。這種直觀將**本質**把握爲**本質存在**，並且不以任何方式設定**此在**。

57 據此，本質認識不是實際事情（matter-of-fact）的認識，它不帶有絲毫一點與某個個體的（例如：自然的）此在相關的主張內涵。一個本質直觀，例如：對一個感知的本質、回憶的本質、判斷的本質等的本質直觀。它的基底，或者更確切地說，它的出發點可以是一個對感知的感知、對一個回憶、對一個判斷的感知等，但它也可以是一個單純的、只是「清晰的」想像，它本身不是經驗，不把握**此在**。我們透過這種方式還無法涉及對本質的把握，**作爲**本質的把握，它是直觀著的，而這恰好是一種完全不同於經驗的直觀。當然，本質也可能是含糊地被表象，例如：以符號的方式被表象，並且錯誤地被設定——這樣，本質便是單純被意指的本質，帶有爭執，正如我們在向對本質之不相容性的直觀過渡時所看到的那樣。但透過向本質被給予性之直觀的回溯，含糊的設定也可以被證實爲是有效的。

每一個判斷，只要它在堅實的、全適地構成的概念中，全適地表達出在本質中包含著一些什麼，某些種屬或分殊的本質如何與某些其他的本質相聯繫，例如：「直觀」和「空乏意指」、「想像」與「感知」、「概念」與「直觀」等如何相互結合在一起，如何根據這個或那個本質構成部分而必然地是「可結合的」，例如：作爲「意向」和「充實」而相互適合，或者反過來，它們如何會是不可結合的，如何會爲一種「失實的意識」奠基，如此等等。每一個這樣的判斷都是一個絕對的、整體有效的認識，並且是一種本質判斷，要想透過經驗來論證它、證實它或反駁它，都可說是一種悖謬。它確立了一個「觀念的關係」（relation of ideas），一個眞正意義上的先天，儘管這個意義曾經在休謨眼前浮現過，但他對本質與——作爲「印象」（impression）之對立面的——「觀念」（idea）的實證主義混淆必然使他無法正確地把握這個意義。然而，即使是他的懷疑論也未敢在這裡貫徹到底，也未敢動搖這樣一個——就他所看到的程度而言的——認識。倘若他的感覺主義沒有使他對「關於……的意識」的意向性之整個領域變得盲目，倘若他將意向性接納到本質研究之中，那麼他將不會成爲一個偉大的懷疑論者，而會成爲一門眞正「實證」的理性理論的創始人。所有那些在《人性論》中如此激烈地推動他，並將他從一個迷惑帶向另一個迷惑的問題，所有那些他在其觀點中根本無法估測到並純粹地表述出來的問題，都完完全全地處在現象學的統轄區域之中。透過對意識構形的本質聯繫的探究，以及對與它們相關的本質相屬的被意指性的探究，這些問題可以完全解決，這種解決是在一種總體直觀的理解中進行的，它將會使任何**有意義的**問題都得到答覆。諸如相對於**關於**對象的印象，或感知之雜多性而言的對象之同一性的重大問題。事實上，雜多的感知或顯現如何能使同一個對象「顯現出來」，以至於**對它們本身來說**，以及對那個連結著它們的統一性意識或同一性意識來說可以是「同一個」，這是一個只有透過現象學的本質研究才能得到澄清和回答的問題（我們的研究方式當然已經在先指明了這種研究）。要想用經驗的自然科學的方式回答這個問題，也就意味著，沒有理解這個問題並將它錯誤解釋爲一個悖謬的問題。一個感知，就像一個經驗一樣，恰好是對這個、對恰好是如此定向的、如此著色和構形的對象的感知，這是感知的本質的事情，無論這個本質與這個對象的「實存」處在什麼樣的關係之中。這個感知順應於這個感知連續，但不是一個隨意的感知連續，在這個連續中，始終是「同一個對象在始終不同的方向上以及如此等等地展示出自身」，這又純粹是本質的事情。簡而言之，這裡是一片廣闊的、在文字上尚未開發出來的「意識分析」之土地，意識這個標題，正如心理的標題一樣，無論是否眞的合適，它都必須具有如此寬泛的包容性，以至於可以標識出所有的內在者，即是說，它也可以標識出所有的意識－被意指者本身以及在任何意義上的意識－被意指者。幾百年來被談論得如此之多的起源問題，一旦擺脫了錯誤、悖謬地歪曲它們的自然主義，它們便是現象學的問題。例如：關於「空間表象」的起源問題，關於時間表象、事物表象、數字表象的起源問題，關於原因與結果之「表象」的起源問題等。唯有當這些純粹的問題得到有意義的規定，得到表述並得到解決，這些作爲人類意識事件的表象之形成的經驗問題才能夠獲得科學上可把握且對問題的解決來說可採納的意義。

58 但是所有的問題都在於，人們要看到且完全地學會：就像直接聽到一個聲音，可以直接把握到一個「本質」，直接把握到「聲音」的本質、「事物現象」的本質、「可見事物」的本質、「圖像表象」的本質、「判斷」或「意願」的本質等，可以直觀並在直觀中進行本質判斷。但另一方面，問題還在於，人們必須提防休謨式的混淆，並且據此避免將現象學的直觀混同於「自身觀察」，混同於內經驗，簡言之，不要將它混同於那些不是去設定本質，而是去設定與此相應的個體個別性的行爲。⑧

---

⑧《邏輯研究》在其系統現象學的各個片斷中，第一次運用此處所描述的意義上的本質分析，這些研究一再地被誤解爲是一種對自身觀察方法之恢復的嘗試。當然，對此，我在《邏輯研究》第二卷第一研究的〈引論〉中，對方法所做的錯誤標識也一併負有責任，我在那裡將現象學標識爲描述心理學。我的第三篇〈關於一八九五－一八九九年德國邏輯學著述的報告〉（**Bericht über deutsche Schriften zur Logik in den Jahren 1895-1899**）〔載於《系統哲學文庫》（*Archiv fürsystematische Philosophie*）第九卷（一九〇三年），第三九七－四〇〇頁（以後出版於《文章與書評（一八九〇－一九一〇年）》，《胡塞爾全集》第二十二卷，由讓克（**B. Rang**）主編，海牙，一九七九年，第二〇一頁以後。——譯注）〕已對此做了必要的闡釋。

59 只要純粹現象學是純粹的，且不去運用對自然的實存設定，那麼它作爲科學便只可能是本質研究，根本不可能是此在研究，任何「自身觀察」與任何在這種經驗基礎上進行的判斷都是在它的範圍之外進行的。在它的內在之中，唯一被設定且無論如何也要被納入到那些藉助本質分析而得以嚴格的本質概念之中去的東西只能是：「這裡的這個！」（dies da!）——這個流逝的感知、回憶等。因爲個體雖然不是本質，但它「有」一個本質，這個本質可以被它明見有效地陳述出來。但是，這樣一種單純的歸類（Subsumption）顯然還無法做到：將這個本質確立爲個體，爲它提供在個體此在「世界」中的一個位置。對於純粹現象學來說，單數之物永遠是無限之物（απειρον）。純粹現象學只是將本質和本質聯繫認識爲客觀有效的，並且因此在最終作出爲澄清理解所有經驗認識和所有一般認識所需要的一切：澄清所有形式—邏輯的、自然邏輯的，以及其他指導性的「原則」的「起源」，並且澄清所有與此密切聯繫的「存在」（自然存在、價值存在等）和「意識」的相關性問題。⑨

---

⑨ 我在這裡的表述帶有某種確定性。實際上，對目前這個時期來說，現象學至多只是一些專門性研究工作的標題，只是在自身觀察領域中一些完全有用的細微工作的標題而已，而不是系統的哲學基礎科

60

現在我們要過渡到心理物理學的觀點上。在這個觀點中，「心理」連同它**所特有的**本質都被歸附給一個身體，並且被歸附給物理自然的統一：這個在內在感知中被把握到的東西，以及被理解為本質上是如此類型的東西與感性的被感知之物發生聯繫，並因此也與自然發生聯繫。只有透過這種歸附，才能獲得間接的、自然的客體性，間接地獲得一個在空間和自然時間中的位置，我們在這個時間中用鐘錶來測量它。在一些無法進一步規定的範圍內，對物理因素的經驗「依賴性」提供了一種手段：一種將心理因素交互主體地規定為個體存在並同時不斷前行地對心理物理關係進行透澈研究的手段。這便是「作為自然科學的心理學」的領地，這門心理學就其詞義來看是心理物理的心理學，同時也是一門與現象學相對立的經驗科學。

學，不是進入眞正的自然、精神、觀念的形上學的入口，而我在這裡的表述之所以帶有那種確定性，是因為它們所依據的始終是一些多年來堅持不懈的研究。自一九〇一年以來，我的哥廷根哲學講座便建立在這些不斷進展的研究成果基礎上。鑒於所有現象學的層次以及所有那些與它們相關的研究在功能方面都密切地交織在一起，鑒於對純粹方法的發展本身帶有極大的困難，我不認為發表這些分散的和仍帶有問題的成果是有益的。希望在不遠的將來，我能夠將這些在此期間已得到全面確立和達到廣泛系統統一的現象學研究和現象學的理性批判交付給大眾。

61

顯然，將心理學，即關於「心理」的科學僅僅看作是關於「心理現象」及其與身體之連結的科學，這種做法並不是無可爭議的。實際上，它始終受到那些原生的和不可避免的客體化的引導，這些客體化的相關項一方面是人和動物這樣一些經驗的統一，另一方面是心靈、人格或特徵、人格的心境。然而，對於我們的目的來說，我們沒有必要去探究對這些統一構成的本質分析，沒有必要去探究如何從心理學的任務出發對它們自身進行規定的問題。很快便會表明，這種統一原則上不同於自然的事物性，後者就其本質而言是通過映射的顯現之被給予性，而這絕不以任何方式適用於這裡所說的統一。只有奠基性的基底「人體」，但不是人本身，才是這個事物顯現的統一，而人格、特徵等就更不是這種統一了。顯然，我們帶著所有這些統一而被回指到各個意識流的內在生活統一之上，被回指到各種形態學的特殊性上，它們使這樣一些不同的內在統一得到區分。據此，所有心理學的認識，即使它們原初是與人的個體性、特徵、心境相關聯的，它們也看到自己被回指到那些意識的統一之上，並因此被回指到對**現象本身**以及它們的相互交織的研究上。

320

62 現在，尤其是在作出了所有這些闡述之後，人們無須再費力便可以清楚地從最深層的根據出發而明察到剛才所揭示的東西：所有在通常意義上的心理學認識都以對心理的**本質認識爲前提**，想要透過心理物理的實驗，並透過那種無意的內感知或內經驗來研究回憶、判斷、意願以及其他等行爲的**本質**，以便**藉此**來獲得那些嚴格的概念，即那些唯一能夠爲在心理物理陳述中對心理的標識，以及爲這些心理物理陳述本身提供價值的概念——這樣一種希望將會是謬誤的極點。

63 現代心理學的基本錯誤阻礙了它自己成爲眞正的、完全—科學意義上的心理學，這個基本錯誤在於，它沒有認識到並構造出現象學的方法。它受歷史成見的影響而不去利用在所有澄清性的概念分析中都包含著的這種方法的起點。與此相關，大多數心理學家都沒有理解業已存在的現象學開端，甚至常常將那些在純粹直觀觀點中進行的本質研究看作是形上學—經院哲學的墜落（Substraktion）。但是，在直觀態度中被把握和被描述的東西，唯有在直觀的態度中才能得到理解和檢驗。

64 根據所有這些闡述，下面這點便很明顯，我有充分的理由可以相信，它很快就能得到更普遍的承認，即：只有當心理學建立在一門**系統的**現象學上，也就是說，只有當意識的本質構形以及它的內在相關項在系統的聯繫中得到純粹直觀的研究和確立，只有當各種現象的概念，即那些被經驗心理學家在其心理物理判斷中用來表述心理本身的概念的科學意義和內涵得到規範，只有這時，一門關於心理的經驗科學，一門眞正充分的、與自然相聯繫的經驗心理學才能成立。只有一門眞正澈底的和系統的現象學，一門不是附帶地和在分散的反思中進行的，而是在對極爲錯綜複雜的意識問題的完全獻身中、在完全自由的、不爲任何自然主義成見所迷惑的精神中進行的現象學，只有它才能爲我們提供對「心理」的**理解**——無論是在個體意識的領域中，還是在共同意識的領域中。這時，我們當代的巨大的實驗工作、那些被收集起來的豐富經驗事實，以及那些透過充分評價的批判和心理學解釋而獲得的、部分地是極爲有趣的規則性，所有這些才能結出眞正的果實。這時，人們也得又承認這樣一個說法，而這個說法就今日心理學而言是無法以任何方式得到承認的，即：心理學處在與哲學的切近聯繫之中，甚至是最切近的聯繫之中。這時，反心理主義的悖論，即認識理論不是心理學理論，也會失去所有的動力，因爲每一門眞正的認識論都必然建基於現象學之上，現象學如此地構成每一門哲學和心理學的共同基礎。最後，那種虛假的哲學文獻也不再可能存在，它們在今天還生長得十分昌盛，並且帶著最嚴肅的科學性要求向我們展示著它們建立在自然科學基礎上以及首先是建立在「實驗—心理學基礎上」的認識論、邏輯理論、倫理學、自然哲學、教育學[10]。面對這些文獻，人們事實上只能對此感到驚訝：人類最偉大的心靈曾奉獻畢生工作來探討的那些艱深問題與困難，它們的意義如今已經式微，而且很可惜，眞正的澈底性。即我們在實驗心理學本身的範圍內——儘管在我們看來它還帶有原則性的缺陷——所不得不予以高度尊重的那種澈底性，它的意義如今也已經墮落。我堅信，將來對這些文獻的歷史評判將會比對已受到諸多指責的十八世紀通俗哲學的評判來得更爲嚴厲[11]。

---

⑩ 這些虛假的哲學文獻之所以得到鼓勵的另一個重要原因，還在於這樣一種狀況，即：心理學——不言而喻是指「精確的心理學」——是科學的哲學之基礎，這種看法至少已經在哲學學科的自然科學群組中成爲堅定的公理，而這些群組屈服於自然科學家的壓力，現在正十分熱心地將一個又一個的哲學教學席位交付給這樣一些研究者，這些研究者或許在其各自的領域中是非常出類拔萃的，但他們對哲學的內心感受並不會比科學領域的物理學家或化學家更多。

⑪ 在我寫作這篇論文時，偶然得到慕尼黑蓋格博士（Dr. M. Geiger）的出色報告〈同感的本質與意義〉（Ueber das wesen und die Bedeutung der Einfühlung），刊載於《因斯布魯克第四屆實驗心理學大會文獻》（萊比錫，一九一一年）。作者以一種富於教益的方式力求對眞正的心理學問題進行區分，這

65

我們現在要離開心理學自然主義的爭論領域。也許可以說，自洛克時代以來就突進著的心理主義實際上只是一種模糊的形式，在這種形式中必定貫穿著那種唯一合法的哲學傾向，即朝向對哲學的現象學奠基的哲學趨向。除此之外，只要現象學的研究是本質研究，即在眞正意義上的先天研究，那麼它便同時會考慮到所有那些先天論的合理動機。無論如何，我們的批判可能已經表明，將自然主義認識爲一種原則上錯誤的哲學，這並不意味著，放棄一門

些問題在迄今爲止關於同感的描述和理論之嘗試中有些是明確的，有些則相互混淆。蓋格博士還討論了人們對這些問題解決的嘗試和得到的成果。可以從這份報告（同上書，第六十六頁）中看出，在會議討論中，他並未受到與會者的認可。馬汀（Martin）小姐的講話獲得眾人的喝采：「我來這裡是希望聽到在同感領域中的實驗。可是我實際聽到的是什麼呢？完全是一些過時、非常過時的理論。此次會議絲毫沒有提到這個領域的實驗，**這對我而言不是哲學學會**。在我看來，希望介紹這種理論的人現在應該說明：這種理論是否已經被實驗所證實。在美學領域中已經在進行這種實驗。例如，施特拉頓（Stratton）關於眼運動的美學意義的實驗，而我本人也進行了關於這種內感知理論的研究。」此外，從這份報告還可以讀到，馬伯（Marbe）「認爲同感學說的意義在於推動人們進行實驗研究，而這種研究也已經在這個領域中進行。同感學說的宣導者所運用的方法與實驗心理學方法的關係，在很多方面類似於前蘇格拉底學派的方法與現代自然科學方法的關係。」我對這些事實無須再補充些什麼。

嚴格科學哲學的觀念，放棄一門「自下而上的哲學」的觀念。對心理學的和現象學的方法的批判區分已經指明，現象學的方法是一條通向科學的理性理論的眞正道路，也是一條通向充分的心理學的眞正道路。

根據我們的計畫，現在要過渡到對歷史主義的批判以及對世界觀哲學的闡釋上。

⑫胡塞爾在「歷史主義」概念上所使用的是「Historizismus」，但他用這個概念所指的實際上是我們今天所理解的「歷史主義」（Historismus），亦即自十九世紀以來由蘭克（L. v. Ranke）、德羅伊森（J. Droysen）、狄爾泰（W. Dilthey）等人所代表的「歷史學派」觀點：強調知識的歷史性，主張用歷史理性來取代純粹理性的優先地位（參閱狄爾泰：《精神科學中歷史世界的建構》（*Der Aufbau der geschichtlichen Welt in den Geisteswissenschaften*），《狄爾泰全集》第七卷，斯圖加特，一九九二年，第一九一頁以後）。在胡塞爾後期所寫的〈幾何學的起源〉中，他也仍然不加區分地運用這兩個概念（參閱胡塞爾：《歐洲科學的危機與先驗現象學》，《胡塞爾全集》第六卷，海牙，一九六二年，第二版，第三八一頁、第三八三頁等）。

在這裡還需要提到波普（K. Popper）對「historicism」與「historism」的明確區分：前者是指對歷史過程和社會過程的思辨性—一元論解釋，即認爲歷史與社會發展具有絕對必然的規律，這個意義上的「historicism」也被譯作「歷史決定論」；而後者則是指通常意義上的「歷史主義」，亦即上面所闡述意義上的「歷史主義」（參閱波普：《歷史決定論的貧困》（*The Poverty of Historicism*），倫敦，一九六〇年，第二版）。但根據前面的說明，這個劃分不能被用在對胡塞爾概念術語的理解上。——譯注

66 歷史主義將自己定位於經驗的精神生活的事實領域，由於它絕對地設定這種經驗的精神 323 生活，而不是恰好將它自然化（尤其是因爲歷史思維遠離自然的特殊意義，且至少沒有受到這種意義的普遍決定性影響），這樣便產生出一種相對主義，它與自然主義的心理主義非常接近，並且被糾纏到類似的懷疑困難中去。我們在這裡所感興趣的是歷史主義懷疑論的特別之處，我們想更深入地了解它。

67 所有精神的構形——如果我們在盡可能寬泛的意義上考慮這個詞，使它可以包含任何一種社會的統一，在最底層是個體本身，但也可以包含各種文化構形——都具有它們的內部結構，具有它們的類型、它們的各種奇特而豐富的內外形式，這些形式產生於精神生活本身的河流之中，又發生著變化，而在每一種變化本身之中又可以表現出結構的和類型的區別。在直觀的外部世界中，有機生成的結構和類別爲我們展現著完全相似的東西。在那裡不存在任何一個固定的種類，不存在任何一個由固定的有機因素組成的對同一事物的構造。所有貌似固定的東西都是發展之河流。如果我們透過內部直觀而生活到一個精神生活的統一中去，那麼就可以感同身受（nachfühlen）到那些制約著精神生活的動機，並且也因此可以「理解」各種精神構形的本質和發展，理解這些構形對精神的統一動機和發展動機的依賴關係。以此

68

方式，所有歷史的東西對我們來說都是在其「存在」特性中「可理解的」、「可解釋的」，這種存在就是「精神的存在」，就是一個意義所具有的各個內部自身要求的因素的統一，並且在此同時也是那些根據內部動機而合乎意義的自身構形和自身發展的統一。即是說，以此方式也可以對藝術、宗教、道德等等進行直觀的研究。同樣也可以對那個與它們相近並在它們之中同時得到表達的世界觀進行直觀的研究，一旦這種世界觀獲得科學的形式，並以科學的方式提出對客觀有效性的要求，它便常常被稱作形上學，或者也被稱作哲學。因此，在這些哲學方面便產生出這樣一個重大的任務：透徹地研究這些哲學的形態結構、它們的類別，以及它們的發展聯繫，並且透過最內在的追復生活（Nachleben）而使那些規定著它們本質的精神動機得到歷史的理解。狄爾泰的著述，尤其是最新發表的關於世界觀類型的論文表明，在這方面有多少極爲重要的事情，且事實上是值得讚嘆的事情有待完成⑬。

當然，至此爲止所說的是歷史，但不是歷史主義。只要我們在幾句話中追隨狄爾泰的闡述，便能夠以最容易的方式把握住那些湧向他的動機。我們讀到：「在那些不斷爲懷疑主義

---

⑬ 參閱文集：《世界觀——狄爾泰等人對哲學與宗教的闡釋》（*Weltanschauung, Philosophie und Religion in Darstellungen von W. Dilthey usw.*），柏林，一九一一年。

69

提供新的養分的根據之中，哲學體系的無政府狀態是最有成效的根據。」「但與從人類意見的對立性中得出的那些懷疑推理相比，那些隨歷史意識的進步發展而形成的懷疑要伸展得更爲深入。」「發展論（作爲自然科學的進化論而與文化構形的發展史認識交織在一起）是必然與歷史生活方式的相對性認識結合在一起的。一旦放眼於地球和所有的過去，生活的基本狀態、宗教和哲學的某個個別形式的絕對有效性便不復存在了。因此，歷史意識的展開要比對體系間爭論的縱觀，更澈底地摧毀著對任何一門企圖以強迫的方式透過一種概念的聯繫來陳述世界聯繫的哲學之普遍有效性的信仰。」

顯然，這個說法的**事實眞實性**是無須懷疑的。但問題在於，這個說法在**原則普遍性**中是否也能夠是合理的。當然，世界觀和世界觀哲學是文化構形，它們在人類發展的長河中形成並消失，同時，它們的精神內涵是一個在已有歷史狀態中特定地被引發的精神內涵。但同一個情況也適用於嚴格的科學。它們**因此**而會喪失客觀的有效性嗎？一個完全極端的歷史主義者或許會肯定這一點，他會在這裡指出各個科學見解的變化，他會指出那些今天被看作已得到證明的理論，明天會被認作並非如此；他認爲一些人所說的可靠的規律，在另一些人那裡則只被稱作假設，或者被稱作含糊的奇想。如此等等，難道我們據此面對這種科學見解的不停變化，眞的無權去談論那種不只是作爲文化構形，而是作爲關於客觀有效統一的科學嗎？顯而易見，如果將歷史主義堅定地貫徹到底，它就會導向極端懷疑的主觀主義。眞理、理論、科學的觀念會像所有觀念一樣失去其絕對有效性。一個觀念具有有效性，這將意味著：它是一個事實的精神構成，它被視作有效的並在這種有效性的事實性中規定著思維。這樣也就不存在絕然的有效性或「自在的」有效性，不存在那種即使沒有人實施，或者，即使沒有一個歷史的人類曾經實施過，它也仍然是其自身所是的有效性。這樣也就不存在對矛盾律和所有邏輯學而言的有效性，反正它們在我們這個時代已經處在完全流散的狀態中。也許這就是終結，無矛盾性的邏輯原則由此而轉向其對立面。接下來，我們所陳述的那些語句，甚至那些爲我們所考慮且作爲有效存在的爲我們所運用的可能性，它們自身也不再具有任何有效性。如此等等，沒有必要在這裡繼續下去並重複那些在其他地方已經給出的闡述⑭，或許只要獲得這樣一種認可就足夠：無論在流動的起效用（Gelten）和客觀的有效性（Gültigkeit）之間的關係、在作爲文化現象的科學和作爲有效理論體系的科學之間的關係會爲澄清性的理

⑭ 在《邏輯研究》第一卷中。

解造成多大的困難，它們的區別和對立必須予以承認。但是，如果我們承認科學是有效的觀念，那麼，我們還有什麼理由不將那些在歷史的起效用和有效因素之間存在著的類似區別至少也看作是懸而未決的呢——無論我們是否能夠「理性批判地」理解這些區別？是否可以在作爲文化構形的宗教和作爲觀念的、即作爲有效宗教的宗教之間作出區分？是否可以在作爲文化形態的藝術和有效的藝術之間、在歷史的法律和有效的法律之間作出區分；是否在此者與彼者之間存在著一種關係，一種用柏拉圖的話來說觀念與其模糊的顯現形式之間的關係；這些問題根本不會對歷史，不會對經驗精神科學一般帶來任何影響，無論是在積極的、還是在消極的意義上。如果精神構形的確可以在這種有效性對立的觀點中得到考察和評判，那麼對有效性本身以及對其觀念的規範原則所做的科學決定便絕不會是經驗科學的事情。數學家也不會爲了獲得關於數學理論眞理的教益而去求助於歷史；他不會想到要將數學表象與判斷的歷史發展與眞理的問題聯繫在一起。因此，歷史學家怎麼可以決定已有哲學體系的眞理，更有甚者，他又怎麼可以決定一門自身有效的哲學科學一般的可能性呢？他怎麼能夠透過他的教誨來動搖哲學家對他的觀念的信仰，以及對一門**眞正**哲學之觀念的信仰呢？誰否定一個特定的體系，同樣，誰否認一個哲學體系一般的觀念可能性，他就必須提出根據。發展的事

70

實，也包括各個體系一般之發展方式的最普遍事實，這些可以是根據，可以是好的根據。但是，從歷史根據中只能產生出歷史的結論。從事實出發來論證或反駁觀念，這是悖謬——用康德⑮所引用的一句話來說就是：從石中取水（ex pumice aquam）⑯。

據此，正如歷史無法對絕對有效性的可能性提出任何重要的反駁一樣，它也更不能對一門絕對的，即科學的形上學以及其他哲學的可能性提出這種反駁。作爲歷史，它甚至永遠不能論證這樣一個斷言：**至此爲止**還不存在一門科學的哲學。它只能從另一些認識源頭出發來論證它，而這些源頭顯然已經是哲學的認識源頭。因爲很明顯，只要哲學的批判提出有效

---

⑮ 參見康德：《實踐理性批判》，A 24；康德以此來比喻「從經驗定理中提取必然性」之做法的悖謬。——譯注

⑯ 狄爾泰在前面所引書中同樣否認歷史主義的懷疑論，但我不理解，他如何會相信，從他對世界觀結構和類型的富於教益之分析中，他可以得出**反對**懷疑論的決定性根據。因爲正如在這篇文字中已經闡述過那樣，一門還是經驗的精神科學既不能對某個提出客觀有效性要求的東西提出**反對**的論證，也不能對它提出**贊成**的論證。如果將這種旨在經驗理解的經驗觀點換成現象學的本質觀點，那麼事情自然就會是兩樣的，而這似乎正是他思考方式。

性的要求，它也就已經是哲學了，並且因此在其意義中隱含著一門作爲嚴格科學的系統哲學之可能性。那種**無條件**的斷言，即認爲任何科學的哲學都是空想，連同這樣一個論證，即所謂上千年的嘗試已經說明了這種哲學的內在不可能性，這種斷言連同這種論證之所以是錯誤的，不僅是因爲一個從深層文化的幾千年導向無限未來的推論不是一種好的歸納，而且它的錯誤還在於，它是一個像２＋２＝５一樣的絕對悖謬。這是出於已提到過的理由：若哲學批判發現了可以進行客觀有效反駁的東西，這裡便存在著一個可以進行客觀有效論證的領域。如果這些問題被證明是方向有誤，那麼必定會有可能的糾正和修正的問題存在。如果批判表明，歷史地形成的哲學是以混亂的概念進行操作，是在進行概念的混淆、虛假的推理，那麼，如果不想墜落到無意義之中的話，人們在這裡便不可否認，理想地說，這些概念是可以得到清晰化、明白化，是可以保持區分的，在已有的領域中是可以進行正確推理的，如此等等。每一個合理的、透澈的批判本身都給予了進步的手段，都理想地指明著合理的目的和道路，並因此指明著一門客觀有效的科學。對此我們當然還要說，一個作爲事實的精神構形的歷史的不可成立性，與在有效性意義上的不能成立性根本無關，這一點以及至此所述的一切都可以運用在任何一個要求具有有效性的領域上。

歷史主義者們之所以誤入歧途，原因可能還在於這樣一個狀況，即：透過對一個歷史地被再構的精神構形的熟識，對在它之中起制約作用的意見或意指的熟識，以及對從屬的動機聯繫的熟識，我們不僅能夠理解這個精神構形的內部意義，而且也能夠評判它的相對價值。如果我們設想自己接受某個歷史上的哲學家曾擁有過的前提，那麼我們有可能承認甚至讚嘆他的哲學的相對「一貫性」，另一方面，我們會原諒那些不一貫性連同那些對問題的推移和混淆，它們在當時的問題階段以及含意分析階段上是不可避免的。我們可以將一個科學問題的成功解決評價爲一個偉大的成就，而這個問題在今天則屬於那種可以爲一個中學生所輕易克服的問題類型。類似的情況適用於所有的領域。與此相對，我們不言而喻地還是要堅持這一點：即使是這些相對評價的原則也仍然包含在那些觀念的領域之中，歷史學家，即那些不僅僅是去理解這個發展，而是也進行著**評價**的歷史學家，他只能預設這些領域，但他——作爲歷史學家——無法論證這些領域。數學的規範包含在數學中，邏輯的規範包含在邏輯學中，倫理的規範包含在倫理學中，如此等等。如果歷史學家恰好想進行科學的評價，那麼他可以在這些學科中去尋找根據和論證方法。如果在這方面不存在嚴格發展的科學，那麼他就是以自身負責的方式在進行評價，例如：作爲有倫理的或有宗教信仰的人，但絕不是作爲科學的歷史學家。

72 即使我據此而將歷史主義看作是一種認識論的混亂，由於其悖謬的結論而必須像自然主義一樣得到嚴厲的拒絕，那麼我也想明確地強調，我完全承認在最寬泛意義上的歷史對於哲學家而言所具有的巨大價值。對哲學家來說，對共同精神的發現與對自然的發現是一樣重要的。與對自然的深入相比，向普遍精神生活的深入，甚至爲哲學家提供了一個更原始、更基本的研究材料。因爲，作爲一種本質學的現象學之王國從個體精神出發，很快便能伸展到整個普遍精神的領域。此外，如果狄爾泰以如此鮮明的方式確認，心理物理的心理學不是那門可以作爲「精神科學之基礎」而發揮作用的心理學，那麼我要說，唯有現象學的本質學才能夠爲一門精神**哲學**提供論證。

73 我們現在要過渡到對世界觀哲學的意義和權利的思考上，爾後將它與嚴格的科學相對立。如已暗示過的那樣，近代的世界觀哲學是歷史主義懷疑論的孩子。這種懷疑論通常會在實證科學前面止步，它會像任何一種懷疑論一樣前後不一地賦予實證科學以眞正的有效性價值。據此，世界觀哲學將整個個別科學都預設爲客觀眞理的寶庫，而只要它所尋找的目標在於：盡可能滿足我們對封閉的和統一化的、包容一切和理解一切的認識之需求，那麼它就會將所有個別科學都看作是它的基礎。有鑒於此，它時而也將自己稱爲科學的、恰好建立在堅實的科學之基礎上的哲學。然而，按照合理的理解，在一門學科的科學性中，不僅僅包含著基礎的科學性，也包含著給定目標的問題之科學性、方法的科學性，尤其包含著在主導問題的這方面與恰好是這些基礎和方法的另一方面之間的和諧。因此，科學的哲學這個標識還不能說明什麼，事實上，它一般也沒有得到完全認眞的理解。大多數世界觀哲學家都非常清楚地感覺到，他們的哲學並沒有很好地提出對科學嚴格性的要求，某部分人至少開誠布公地承認其結論的較低科學標準。儘管如此，他們仍然賦予這樣一種不想成爲科學、想成爲世界觀的哲學的高度評價，而他們正是在歷史主義的影響下，越是懷疑那種嚴格的哲學的世界科學的意圖，對這種哲學的評價也就越高。他們同時也進一步規定著世界觀哲學之意義的動機大致如下：

74 每一門偉大的哲學都不只是一個歷史事實，而是在人類精神生活的發展中也具有一個偉大的、甚至是獨一無二的目的論作用，即作爲對他們那個時代的生活經驗、教化、智慧的最高提升。讓我們暫且駐足於對這些概念的澄清。

75 **經驗**作爲個人的習性，是一種在生活過程中以往自然經驗執態行爲的沉澱。它本質上是被這樣一種方式所決定的，這種方式是指：人格性（Persönlichkeit）這個特別的個體性是如何透過本己的經驗行爲而受到動機方面之引發。這種方式同樣是指：人格性本身是如何以本己的贊同和拒絕的方式而受到陌生的和傳習的經驗的影響。至於那些包含在經驗標題中的認識行爲，可以是關於任何一種自然此在的認識，或是素樸的感知和其他直接直觀認識的行爲，或是建基於其上的思維行爲，在不同的邏輯加工和證實層次上的思維行爲。但這還不夠，我們也可以從藝術作品和其他美的價值中獲得經驗；同樣可以從倫理價值中獲得經驗，無論是根據我們本己的倫理行爲，還是根據對其他人的倫理行爲的觀入（Hineinschau-ung）；我們還可以從善、實際的有用性、技術的可用性那裡獲得經驗。簡而言之，我們不僅在進行著理論的經驗，也在進行著價值的和實踐的經驗。分析表明，價值的和實踐的經驗要回溯到作爲基礎的評價體驗和意願體驗上。在這些經驗的基礎上也建立著更高的邏輯層面的經驗認識。據此，有豐富經驗的人，或如我們所說的「**有教養者**」，不僅具有世界經驗，而且也具有宗教的、美學的、倫理的、政治的、實踐—技術的等等經驗或「**教化**」（Bildung）。然而，只要教化一詞的對立面是非教化（Unbildung），那麼我們顯然是在用「教化」這個庸俗的詞來表示上述習性所具有的相對較高價值的形式。而「智慧」（世界智慧、世界和生活智慧）這個過時的詞，以及通常還有世界和生活觀或絕然的**世界觀**這類現在流行的表述，它們則關係到特別高的價值層面。

76 我們必須將這個意義上的智慧或世界觀看作是那種更有價值的人類習性的本質構成部 330 分，這種習性在完善的德行觀念中浮現於我們眼前，並且標識著與人類執態的所有可能方向，即與認識方向、評價方向和意願方向有關的習性上的熟練程度（Tüchtigkeit）。因爲，與這種熟練程度同步發展的是那種不斷形成的能力（Fähigkeit），即對這種執態的對象性，對周圍世界、價值、善、行動等等進行理性的判斷，或對他的執態進行明確論證的能力，但這預設了智慧且屬於智慧的較高形式。

77 無須再進一步闡述，在這個特定的、儘管包含著雜多類型和價值等級的意義上的智慧或世界觀，不只是單個的人格性的成就，這種單個的人格性本來就是一種抽象；這種智慧或世界觀屬於文化的共同體和時代，就它所具有這些鮮明形式而論，如果我們不僅僅是談論一個特定個體的教化和世界觀，而是談論這個時代的教化和世界觀，那將會具有好的意義，這尤其適用於現在將要探討的這些形式。

78 用思維的方式，把握在一個偉大的哲學人格性中活著的、內在最豐富的，但自身仍然含渾的、未被理解的智慧，這種把握開啟了邏輯加工的可能性，在較高的文化層面上則開啟了在嚴格科學中展開的邏輯方法學。不言而喻，這種科學作爲共同生活的有效要求是與個體相對立的，在這個層面上，這些科學的整體內涵屬於那種有價值的教化和世界觀的下層建築。由於那些活生生的、因而有說服力的時代之教化動機不僅僅是概念的把握，也經歷著邏輯的展開和其他的思維加工，此外，那些如此獲得的結果在與新產生的直觀和明察的相互作用中達到科學的統一化和一致的完善，於是那些原初無法領會的智慧便得到了異常的擴展和提升。這樣便產生出一種**世界觀哲學**，它在巨大的體系中爲生活和世界的謎題提供相對而言最完善的回答，即以最佳可能的方式來解決並令人滿意地澄清那些不確定性，那些只能爲經驗、智慧、單純的世界和生活觀所不完善地加以克服的生活之理論、價值、實踐的不確定性。但人類的精神生活帶著它的不斷更新的教化、新的精神活動、新的經驗、新的評價和目標在不斷地前進著；所有新的精神構形都進入擴展了的生活視域中，隨著生活視域的變化，教化、智慧和世界觀也發生變化，哲學也發生變化，它不斷地向更高的頂端爬升。

79 只要世界觀哲學的價值，以及隨之也包括對這種哲學之追求的價值，首先是由智慧的價值以及對智慧之追求的價值所決定的，那麼我們就沒有必要特別考慮它們所自設的那個目標。如果人們像我們一樣對智慧的概念作如此寬泛的理解，那麼它所表達的就是一個本質的構成部分，即根據人類生活各個時期的標準而可達到的、完善的精明之理想的一個本質構

80

成部分。換言之，就是人性觀念的一個相對完善、具體映射（Abschattung）的本質構成部分。因此，很明顯的，正如每一個人都應力求成爲一個盡可能精明和全面精明的人格性，即在與可能執態的基本種類相符合的所有生活基本方向上都成爲精明的，他在每一個這樣的方向上也都應是盡可能「有經驗的」、盡可能「智慧的」，並且因此也是盡可能「愛智的」。根據這個觀念，每一個有所追求的人都必然是在原初詞義上的「哲學家」。

眾所周知，從對達到人性以及隨之而同時達到完善智慧的崇高目標之最佳途徑的自然反思中，已經產生出一門工藝學，一門關於有德行的人或精明的人的工藝學。如果它像人們通常所做的那樣被定義爲關於正確行爲的工藝學，那麼這裡也就沒有什麼區別。因爲這裡所指的前後一致的精明行爲要回溯到精明的實踐特徵之上，而這個特徵預設了在價值方面和智性方面的習性完善。對完善性的有意追求又預設了對全面智慧的追求。在內容方面，這門學科向追求者指明了在科學、藝術、宗教等領域中的各種不同的價值類別，每一個行爲著的個體都會承認這些價值是超主體的和有約束力的有效性，而這些價值中的一個最高價值就是這個智慧和完善的精明之觀念本身。當然，這門或被看作是通俗的、或被看作是科學的倫理工藝學也一同進入世界觀哲學的範圍之中，就這門世界觀哲學而言，它必定會帶著它的所有領域——只要這些領域是在其時代的共同體意識中形成，並令人信服地作爲客觀有效性而與個體相對立——而成爲一種最爲重要的教化力量，成爲向這個時代最有價值的人格性發射著最 332
有價值之教化力的一個散發點。

81 在我們公正地評判了世界觀哲學的崇高價值之後，看起來已沒有什麼能妨礙我們**無條件**地建議人們去追求這樣一門哲學。但也許還可以表明，就哲學的觀念而言，還有其他的價值以及**從某些觀點來看**更高的價值需要得到充分的評判，這是指一門**哲學的科學**的價值。我們需要考慮以下的問題，但須聲明，我們是從這個時代的科學文化之高度出發，來進行這些考慮，這個時代是一個客觀化的嚴格科學具有強大力量的時代。對於近代意識來說，教化或世界觀的觀念與科學——被理解爲實踐的觀念——是被明確分開的，且從此永遠分離。雖然我們可以抱怨，但我們必須將它作爲一個始終發揮作用的事實而接受，它相應地規定著我們的實踐執態。歷史上的哲學肯定是世界觀哲學，只要它們的締造者是處在智慧本欲的主宰之下；但它們同樣也是科學的哲學，只要在它們之中也曾活躍著嚴格科學的目標。這兩個目的或是根本沒有得到區分，或是沒有得到明確的區分。在實踐追求中，它們融爲一體，儘管追求者感受到它們高高地凌駕於自己之上，它們仍然只處在有限的遠處。隨著嚴格科學的超時間普全性的建構，以上情況得到了澈底的改變。一代又一代的人懷抱著熱情為科學的巨大建築工作著，他們為這個建築添磚加瓦，並且意識到，這個建築是一個無窮盡、永遠無法完成的建築。雖然世界觀也是一個「觀念」，但卻是一個處在有限之中、在個別生活中以不斷接近的方式而原則上可實現的目標的觀念。它就像道德一樣，如果道德是一個原則上無窮無限之物的觀念，那麼它就將失去它的意義。世界觀的「觀念」對每一個時代來說都是不同的，這從前面對它的概念分析中已經可以完全清楚地看出。相反，科學的「觀念」則是超時間的，這裡就意味著，它不受任何時代精神的相對性限制。與這些區別相關聯的是實踐的目的朝向之本質區別。我們的生活目標在整體上有兩種，一種是為了時代，另一種是為了永恆。一種服務於我們本己的完善以及同時代人的完善，另一種服務於後人的完善乃至最遙遠的後代人的完善。科學是一個標識著絕對的、無時間的價值的標題，每一個這樣的價值一旦被發現就會馬上從屬於**所有**進一步人類的價值寶庫，並且顯然也會立即對教化、智慧、世界觀以及世界觀哲學這些觀念的內涵產生規定性的作用。

82 因此，明確得到區分的是：世界觀哲學與科學的哲學，它們是兩個以某種方式相互聯繫，但不能被相互混淆的觀念。此外，還需要特別注意：世界觀哲學並不是科學哲學在時代中的不完善實現。因爲，如果我們的觀點是正確的，那麼至此爲止還不曾有過這個科學哲學觀念的實現，也就是說，在我們時代的研究者共同體的統一精神中，還不曾客觀地提出過任何一門現時進行著的作爲嚴格科學的哲學，還不曾客觀地提出過任何一個哪怕是不完備的「學說體系」。另一方面，世界觀哲學在幾千年前就已經有了。然而人們可以說，這兩個觀念的實現（假定它們兩者都能實現的話）會在無限中以逼近的方式相互接近，只要我們願意將科學的無限想像爲一個「無限遙遠的點」，它們也會在無限中相互重合。於是，在這裡也要對哲學的概念作相應寬泛的理解，這種理解是如此寬泛，以至於除了特殊的哲學科學之外，哲學的概念還包容著所有那些透過理性批判的啟蒙和評估而轉變爲哲學的個別科學。

83 如果我們將這兩個不同的觀念看作是生活目標的內容，那麼相對於世界觀的追求而言，另一種完全不同的研究追求也就是可能的，它完全地意識到，科學永遠不可能是個人的完美創造，然而，科學在盡最大的力量透過與志同道合者的合作而幫助一門科學的哲學得到突破和逐步的發展。當代的最大問題就在於，在進行明確區分的同時，對這些目標作出相對的評價，同樣也對它們在實踐方面的一致性作出相對的評價。

84 一開始就必須承認，從哲思著的個體立場出發，不可能作出對這種或那種哲思的普遍有效的實踐決定。一種人主要是理論人，他們在本性上趨向於在嚴格的科學研究中尋找他們的職業，只要這些吸引著他們的研究領域提供前景。在這裡，對這個領域的熱情與興趣，或許是產生於情感的需要，例如：產生於世界觀的需要。相反，對於美學的和實踐的本性來說（對於藝術家、神學家、法學家等來說），情況則不同。他們將其職業看作是對美學理想或實踐理想的實現，即對一個理論以外領域的理想的實現。在這裡我們還要算上神學的、法學的、在最寬泛意義上技術的研究者，還有作家，只要他們透過其著述不是在促進純粹的理論，而是首先想影響實踐。當然，這種區分在生活現實中並不是完全純粹的，正是在一個實踐動機猛然提升的時代裡，一種理論的本性也可能會比它的理論職業所允許的更爲強烈地屈從於這些實踐動機的力量。但在這裡，尤其是對我們當代的哲學而言，存在著一個巨大的危險。

85 但這個問題並不僅僅是從個體的立場出發，而是從人類和歷史的立場出發而得到提出的，只要我們考慮一下：倘若人們主要是在這個意義上，或是在另一個意義上對此問題作出決斷，那麼對於文化的發展、人類永恆觀念的不斷進步實現之可能性來說，這將會意味著什麼。換言之，倘若對一種哲學的趨向完全地主宰著時代並使另一種哲學——我們說的是科學的哲學——逐漸消亡，那麼對於文化的發展、人類永恆觀念的不斷進步實現之可能性來說，這將會意味著什麼。這同樣是一個實踐問題，因爲受歷史的影響，還有我們的倫理責任，一直會伸展到倫理理想的最寬泛的範圍上，甚至會延伸到那些標識著人類發展觀念的範圍上。

86 **如果**已經存在著哲學學說的無疑開端，那麼這裡所說的對一種理論本性的決斷將會如何作出，這就很清楚了。讓我們來看一下其他的科學。一旦相應的理論學說得到客觀有效的論證，所有自然形成的數學和自然科學的「智慧」，以及智慧學說也就隨之喪失了權利。科學說了話，智慧從現在起便只能學習。在嚴格科學的此在之前進行的自然科學的智慧追求並不是不合理的，這種追求以後並沒有被貶低爲是它那個時代的產物。接受在實踐中必須作出執態這樣一種生活渴望的驅使，人們無法等待科學——例如在幾千年後——的出現，哪怕假定他們已經完全知道嚴格科學的觀念。

87 另一方面，每一門即使是十分精確的科學，到現在都還是一個僅得到有限發展的學說系統，它被包圍在一個尚未眞正形成的科學之無限視域中。對於這個視域來說，它的合理目標應當是什麼呢？是對嚴格科學的繼續建構，還是「觀點」或「智慧」？理論人、職業的自然研究者將會毫不猶豫地作出回答。只要是在科學具有發言權的地方，哪怕是在幾百年以後具有發言權的地方，他都會對含糊的「觀點」予以蔑視的拒絕。他認爲，對自然「觀點」之設想的**推薦**就是對科學的褻瀆。他顯然以此而伸張了未來人類的權利。嚴格的科學之所以具有其偉大、連續性和充沛的持續發展力量，恰好是因爲有這樣一些極端主義思想傾向存在。當然，每一個精確的研究者都在建構著自己的「觀點」，在進行直觀的、預感的、超出堅實的被論證物而猜測的觀看，但這只是在方法方面，爲了構想嚴格學說的新的部分。這種執態並不排除這樣的可能，即：就像自然研究者自己所清楚知道的那樣，前科學意義上的經驗在自然科學的技術範圍內發揮著巨大的作用，雖然這種經驗是與科學的明察相連結。技術的任務想要得到解決，房屋、機器應當得到建造，人們無法一直等待著，直到科學能夠爲所有相關的東西提供精確的諮詢。因此，技術家作爲實踐者所作的決定不同於自然科學的理論家。技術家從理論家那裡獲得學說，從生活那裡獲得「經驗」。

88 在科學的哲學方面，情況則不完全相同，這恰好是因爲連科學嚴格的學說之開端都還沒有得以構成，而那些宣導這種學說的哲學，無論是歷史上流傳下來的，還是正處在變動發展之中的哲學，最多也只能算是科學的半成品，或者是一個世界觀和理論認識的混合物。另

89 一方面，可惜我們在這裡也不能等待，作爲世界觀困境的哲學困境正逼迫著我們。實證科學的範圍越是延展，哲學的困境也就變得越大。實證科學贈予我們以極爲豐富的、得到科學「說明」的各種事實，而這些事實卻不能爲我們提供幫助，因爲它們原則上——連同整個科學——都帶有一些謎題性質的思考，對這些謎題的解答將成爲我們的終生問題。自然科學並沒有在任何一點上爲我們解開當下現實的謎題，解放我們的生活、活動，或是存在於其中的現實之謎。人們大都相信，自然科學的作用就在於解開這個謎題，只是還沒有辦法達到完全解釋清楚的程度，以爲它——原則上——可以做到這一點。對於目光深刻的人來說，這種看法已經表示自己是一種迷信。對科學與哲學——作爲一門雖然在幾個領域中與自然科學有關，但原則上帶有另一種趨向的科學——的必然區分正在得到貫徹並得到澄清。用洛采（H. Lotze）的話來說：「計算世界的進程並不意味著理解世界的進程。」「理解」人類的精神生活，這肯定是一件偉大而美妙的事情。但很可惜，即使是這種理解也不能夠對我們有所幫助，也不允許被混同於那種爲我們揭示著世界和生活之謎的哲學理解。

事實上，我們這個時代的精神困境已經變得令人無法忍受。如果這只是一種打擾著我們的安寧的理論含糊性，也就是爲自然科學和精神科學所探討的「現實」之意義方面的理論不明晰性——即：在這些現實中，最終意義上的存在得到何種程度的認識，什麼可以被看作是這種「絕對的」存在，以及這種存在究竟是否可以被認識——，那麼也就罷了。但這裡所關係到的毋寧是一種我們所遭受的最極端的**生活**困境，一種在我們生活的任何一點上，都不駐足的困境。任何生活都是執態，所有執態都服從於一個責任（Sollen）、一個關於有效性或無效性的裁決，都依據於帶有絕對有效性要求的規範。只要這些規範是沒有爭議的，沒有因爲任何懷疑而受到威脅和嘲諷，生活問題便只有**一個**，即：如何在實踐中去滿足這些規範。然而現在的情況是，所有規範都受到爭議，或是在經驗上受到歪曲並被剝奪了觀念的有效性。自然主義者和歷史主義者們在爲世界觀而戰，但他們是在兩個不同的方面從事這項工作：將觀念轉釋爲事實，並且將所有現實、所有生活都轉變爲一個不可理解的、無觀念的「事實」混合物。自然主義者和歷史主義者的共同之處就在於對事實的迷信。

90

我們肯定不能等待，必須表態且努力在一種理性的、儘管是非科學的「世界觀和生活觀」中，消除那種在我們對現實——它是對我們來說具有意義的生活現實，是**我們**在其中應當具有意義的生活現實——之表態中的不和諧。如果世界觀哲學家可以在此幫助我們，我們難道不應當爲此而感謝他們嗎？

91 無論在剛才所作的說明中包含著多少眞理，無論多麼不想失去新老哲學爲我們所展示的那些褒揚與鼓舞，在另一方面還是必須堅持，我們始終意識到對人類所應當承擔的責任。萬萬不可爲了時代而放棄永恆，也不可以爲了減輕我們的困境而將一個又一個的困境作爲最終無法根除的惡遺傳給後代。困境在這裡是起源於科學，但唯有科學才能最終克服這個起源於科學的困境。如果自然主義者和歷史主義者的懷疑批判，將所有責任領域中的眞正客觀有效性消融在悖謬之中；如果不明晰的、不一致的、儘管是自然生成的各種反思性的概念會造成阻礙；如果歧義的或錯誤的問題因此而阻礙著對現實的理解，並阻礙著對現實的理性執態的可能性；如果一種特殊的、但對一大批科學家來說是必需的方法觀點在習慣的使用中沒有能力過渡到另一種觀點之中；如果與這些成見聯繫在一起的是對世界之理解的令人傷感的悖謬性——面對以上種種的惡和其他的惡就只有一個手段：科學的批判再加上一門澈底的、自下而上的、建立在可靠基礎上並向著最嚴格的方法進步的科學，也就是我們在這裡所宣導的哲學的科學。世界觀可以爭執，唯有科學才能決斷，而它的決斷帶有永恆的烙印。

92 因此，無論這種哲學的新變革朝向何方，可以確定的是，它絕不能放棄對嚴格科學的意願，而是毋寧要作爲理論的科學與實踐的世界觀追求相對立，並且要有意識地將自身與這種

93

追求**相分離**，因爲這裡也必須拒絕所有媒介的企圖。新的世界觀哲學的支持者或許會指責，遵從這種世界觀哲學並不一定就意味著將嚴格科學的觀念棄而不顧。正當的世界觀哲學家將不僅僅在奠基中是科學的，即是說，他會把所有嚴格的個別科學的被給予性都作爲堅實的磚塊來加以使用，他同樣也會運用科學的方法，並且樂於把握每一個可能對哲學問題加以嚴格科學的促進。他將不會再持有前一時期的形上學之畏懼和懷疑，而是想帶著冷靜的膽識去探討哪怕是最高的形上學的問題，從而獲得一個根據時代的狀況而能和諧地滿足智性與情感的世界觀之目標。

只要這些被認作是中介，被用來抹除在世界觀哲學與科學的哲學之間的界線，我們就要對此提出異議。它只會導致對科學本欲的軟化和削弱，並且會助長那種缺乏智性眞誠的虛假文獻。在這裡不存在任何妥協，就像在任何一門其他科學中不存在任何妥協一樣。如果世界觀的本欲成爲主宰一切的本欲，並且透過它的科學形式也欺騙了科學的本性，那麼我們就不再能夠期望理論的結果。幾千年來，在科學意願的熱情驅使下，一些偉大的科學家也沒能夠在哲學中完成純粹學說的任何一個部分，而他們所完成的偉大事業，即使是那些沒有完全成熟的偉大事業，都只是出於這種科學意願才完成的。在這裡，世界觀哲學家們總不至於認

338

爲，他們以順帶的方式便能夠完成對科學的哲學的促進和最終論證。他們將目標設在有限的領域，想擁有他們的體系，而且他們也有充分的時間，以便根據這個體系來生活，但這些人絕不會帶有科學哲學的使命。這裡只有一件事情要做，即：世界觀哲學自己完全誠實地放棄那種成爲科學的要求，並且同時停止——這肯定與它的純粹意向相違背——它對人們心靈的迷惑以及對科學的哲學之進展的阻撓。

94 世界觀哲學的理想目的可以始終純粹地是世界觀，而世界觀按其本質來說恰好不是科學。世界觀哲學在這裡不應受那種科學狂熱的誤導，這種狂熱在我們這個時代實在過於流行，它將所有無法「科學－精確」證實的東西都評價爲「不科學的」。科學是在許多其他的、同樣合理的價值中的一個價值。我們在前面已經說明，尤其是世界觀的價值，它完全是堅定地建立在自身基礎上，應當被認作是個別人格性的習性和成就；但科學則應當被認作是各代研究者的集體工作成就。正如這兩者具有不同的價值來源一樣，它們也具有不同的功能、不同的作用方式和傳授方式。世界觀哲學的傳授就像智慧的傳授：人格性求助於人格性。因此，在傳授的過程中，唯有那些透過一種特別重要的特性和特有智慧而帶有使命的人，或者是更高的實踐興趣的僕人——宗教的、倫理的、法律的等興趣的僕人，他們才能在 339

95

這種哲學的風格中求助於更寬泛的大眾圈。但科學是非人格的，它的合作者不需要智慧，而是需要理論才華，它所做的貢獻是豐富永恆有效性的寶藏，這個寶藏必定會賜福於人類。但如我們在前面所見，這些事實在極大的程度上也適用於哲學的科學。

只有當這一種哲學和另一種哲學在時代意識中得到透徹的決定性區分，我們才能考慮，使哲學接受眞正科學的形式和語言，並且將那種在科學上受到多重讚揚甚至受到效法的東西，即深邃，認作是不完善。深邃是混亂的標誌，眞正的科學要將它轉變爲一種秩序（Kosmos），轉變爲一種簡單的、完全清晰的、被闡明的秩序。眞正的科學在其眞實的學說領域中不包含任何深邃，深邃是智慧的事情，概念的清晰和明白是嚴格理論的事情，將那種對深邃的預感改變爲明確的、合理的構形，這是嚴格科學之新構造的一個本質過程。精確的科學也曾有過漫長的深邃時期，正如它們在文藝復興的戰鬥中一樣，哲學——我敢於這樣期望——在當前的戰鬥中將會從深邃的層次挺進到科學清晰的層次。但爲此還需要正確的目標確然性，以及那種巨大的、完全有意識地朝向這個目標，並且包容著所有可用的科學精力的意願。人們將我們的時代稱作衰落的（decadence）時代，我不能認爲這個指責是合理的，人們在歷史上幾乎找不到一個活動力如此強大，以及能夠獲得如此豐碩成就的時代。我們可能並不總是贊同那些目標，我們也可能會抱怨，精神生活的花朵開放在更爲寧靜、更爲舒適的素樸生活的時代裡，而在我們的時代中卻無法找到和企盼類似的東西。但卻不然，即使是我們這個時代中那些一再被意願的東西違背了美學的意義，自由生長物的美要更接近這種意義，但是，重大的價值仍然處在意願的領域之中，只要這些強烈的意願能找到正確的目標。然而，如果人們虛構說我們這個時代的意願是一種低下的意願，那麼這便意味著，人們對我們這個時代是極不公正的。誰能夠喚起信仰，誰能夠激發對一個目標之偉大的理解和熱誠，他就可以輕易地找到力量來投向這個目標。我認爲，我們這個時代就其使命來看是一個偉大的時代——它只是受苦於懷疑主義，這種懷疑主義正在粉碎著那些以往的、尚未被澄清的理想。而它也因此受苦於哲學的衰微發展和力量，哲學走得還不夠遠，它還不夠科學，因而還不能透過眞正的積極主義（Positivismus）來克服那種——自稱爲實證主義（Positivismus）⑰的——懷疑的消極主義（Negativismus）。我們的時代只願意相信「合理性」（Rationalität）。現在，它最強大的合理性便是科學，所以哲學的科學是我們這個時代所最需要的。

⑰ 胡塞爾在這裡運用了「Positivismus」一詞所帶有的雙關意義。——譯注

96 但如果在闡釋我們時代之意義的過程中轉向這個偉大的目標，那麼也必須說明，我們只能以一**種**方式來達到這個目標，即：帶著那種屬於眞正哲學科學之本質的極端態度，不接受任何現有的東西，不承認任何傳統的東西爲開端，並且不爲任何哪怕是偉大的名字所迷惑，而毋寧是在對問題本身，以及從它們中所產生的要求的自由獻身中來試圖獲取開端。

97 我們當然也需要歷史，但顯然不是以歷史學家的方式，迷失在偉大的哲學形成於其中的發展聯繫之中，而是爲了讓它們本身按其本己的精神內涵來對我們產生推動作用。事實上，如果我們能夠觀入到這些歷史上的哲學中，能夠深入到它們語詞和理論的靈魂之中，那麼就會有哲學的**生命**連同整個活的動機的財富和力量從它們那裡湧向我們。但我們並不能透過哲學而成爲哲學家，一味地沉浸在歷史事物上，對它們作出一些歷史—批判的證實，並且想在折衷的消化中或在年代錯誤的修復中達到科學的哲學：所有這些都只能是毫無希望的努力。**研究的動力必定不是來自各種哲學，而是來自實事與問題**。但哲學本質上是一門關於眞正開端、關於起源、關於萬物之本（*ριζωματα παντων*）的科學。關於澈底之物的科學必須在其運行方面也是澈底的，並從任何一方面看都是澈底的。首先，它在獲得**它的**絕對清晰的開端之前不可歇息，這種開端是指：它的絕對清晰的問題、在這些問題的本己意義上所預示的方法，以及絕對清晰地給出的最基層工作領域的實事。在**任何地方都不可**放棄澈底的無前提性，例如：不可以從一開始就將這樣一些「實事」（Sachen）等同於經驗的「事實」（Tatsachen），即在那些以如此大的範圍在直接的直觀中絕對被給予的觀念面前佯裝盲目。我們所受到成見的束縛過深，因爲它們自文藝復興時期便產生了。對於一個無成見的人來說，一個確定是源自於康德還是湯瑪斯·阿奎那，是源自於達爾文還是亞里斯多德，是源自於赫爾姆霍茲還是巴拉塞爾蘇斯⑱，這都是無關緊要的。這裡無須要求人們用自己的眼睛來看，而毋寧是要求：不要在成見的壓迫下將看到的東西解釋爲不存在。由於在近代最有力的科學中，即在數學—物理學的科學中，外在的大部分工作是根據間接的方法進行，因此我們過多地趨向於過高地評價間接方法，並且誤認直接方法的價值。但只要哲學是在向最終的起源進行回溯，它的本質便恰好在於：它的科學工作是在直接直觀的領域中進行，而我們這個時代

⑱ 赫爾姆霍茲（H. L. F. von Helmholtz，一八二一—一八九四），德國生理學家、物理學家和數學家；巴拉塞爾蘇斯（Ph. A. Paracelusus，一四九三—一五四一），瑞士醫學家、化學家。——譯注

所邁出的最大一個步伐便是，它認識到，藉助於正當意義上的哲學直觀，**藉助於現象學的本質把握**，一個無限的工作領域便顯露出來，一門科學便顯露出來，它不帶有任何間接的符號化和數學化的方法，不帶有推理和證明的輔助，但卻獲得大量最嚴格的並且對所有進一步的哲學來說決定性的認識。

附錄一　作者後來加入的邊注和補充①

①譯自《文章與報告（一九一一—一九二一年）》，《胡塞爾全集》第二十五卷。——譯注

第25段中：在「對它來說，根據前提和結果而進行的解謎就原則上是超越的」旁邊加注：反心理主義的方法公式。

第39段中：在當頁下邊加注：**缺少對自然主義—心理學概念構成和內在心理學概念構成的明確區分，後者只含有一種外在聯想的自然化。這是一個重要的方法區別。**

第42段中：在「取自於那些在經驗中」旁邊加注：**超越的經驗。**

第42段尾：在「正想成爲一門關於現象本身的科學」旁邊加注：不準確。在「正想成爲一門關於現象本身的科學」之後插入：而不想成爲一門關於現象所展示的東西的科學。

第43段尾：在「它沒有考慮」旁邊加注：**不完全準確。**

第45段中：在「追隨自然科學的**榜樣**」旁邊加注：方法原則。

第46段中：在「各個感知被看作是由各個」之後插入：**處在同感聯繫之中的。**

第46段中：在「作爲雜多感性現象的統一而被給予的」旁邊加注：**被給予=本原地被給予。**

第47段首：在「從屬於它們的本質」之前插入：**作爲事物感知的本質意義。**

第48段中：在當頁下邊加注：**這裡的思路雖有缺陷，但仍然值得注意。內在的心理雖然受到**

心理學的—自然的統攝，但它並不因此而含有對它本質的改變，而只含有與自然有關的整理和歸類。

第48段中：在「心理將自身劃分到」旁邊加注：**心理**（現象）本身不顯現。

第48段中：在「不是在對同一個主體」旁邊補充：**不是在對同一個，因而也不是在對不同的主體**。

第50段首：在「心理存在『是』什麼」旁邊補充：**在自身中本身是什麼**。

第50段中：在「將這些再回憶又意識爲被再回憶的東西」旁邊加注：時間構造。

第51段中：在「透過事物經驗和這種關係經驗」旁邊加注：**心理學的統覺**。

第55段中：在「『感知』、感知的自身之所是」旁邊加注：**感知**（Wahnehmung）＝**認**之爲眞（**Wahrnehmen**）。

第57段中：在「所有那些他在其觀點中根本無法估測到並純粹地表述出來的問題」旁邊加注：**因此也包括發生**（**Genesis**）**的問題**。

第57段中：在「相關的本質相屬的被意指性」旁邊加注：**意向相關項**（**Noemata**）。

第57段尾：在「關於……起源問題」旁邊加注：**也就是發生**（**Genesis**）。

第58段首：在「可以直接把握到」旁邊加注：**需要對「直接」做一個解釋**。

第59段首：在「只要純粹現象學是純粹的，且」後面插入：尤其在。旁邊加注：不清晰。

第59段中：在「都是在它的範圍之外進行的」旁邊加注：**現象學純粹的對立項也就是本質的對立項**。

第59段中：在「將這個本質確立爲個體」後面插入：**客觀的＝交互主體的**。

第62段中：在「剛才所揭示的東西」旁邊加注：參閱第三一四頁（即本書邊碼314）。在通常意義上的心理學認識預設了對在「現象的」內在意義上的心理之本質認識。

第64段中：在「——無論是在個體意識的領域中，還是在共同意識的領域中。」旁邊加注：**因此，也在共同意識的領域中**。

第73段首：在「近代的世界觀哲學是歷史主義懷疑論的孩子」旁邊加注：參閱洛采對哲學任務的規定〔洛采（R. H. Lotze），《邏輯學與哲學百科全書》（*Logik und Enzyklopädie der Philosophie*）一八八三年〕，第八十五頁：本質上是世界觀哲學。

第81段中：在「一代又一代的人懷抱著熱情爲」後面插入：**作爲觀念的**。

附錄二　全集本編者引論①

①由《文章與報告（一九一一—一九二一年）》，《胡塞爾全集》第二十五卷的編者尼農（Thomas Nenon）和塞普（Hans Rainer Sepp）撰寫。——譯注

如果撇開幾篇書評和爲拉蘭德（A. Lalande）的《哲學辭典》所撰寫的短文②不論，那麼〈哲學作爲嚴格的科學〉是胡塞爾自一九〇一年《邏輯研究》第二部分出版以來發表的第一篇較長的文字。這篇文章刊登在新創辦的雜誌《邏各斯》一九一一年第一卷的第三冊上。早在一九一〇年初，胡塞爾便答應里克特（H. Richert）的請求，表示願意「公開地宣告『參與』③」這份雜誌。胡塞爾在此看到他的決定的一個「不可避免的結果」，即：「撰寫某篇文字交付

---

② 參閱：《文章與書評（一八九〇—一九一〇年）》，《胡塞爾全集》第二十二卷。

③ 手稿，R I Rickert，一九一〇年一月二十五日。此雜誌直至一九三三年的所有各卷的扉頁上，都有在參與者中列出胡塞爾的名字。該雜誌自一九三三年起改名爲《德意志文化哲學雜誌。邏各斯的新系列》（*Zeitschrift für Deutsche Kulturphilosophie.Neue Folge des Logos*）（由格洛克納（H. Glockner）和勞倫茲（K. Larenz）主編）。（在胡塞爾文庫中，胡塞爾書信手稿的標號爲：R I＝胡塞爾本人寫的信；R II＝寫給胡塞爾的信。編者在編輯《胡塞爾全集》第二十五卷時，十卷本的《胡塞爾書信集》尚未出版，因而這裡引用書信時仍以胡塞爾文庫中書信手稿的編號爲準。——譯注）

給雜誌」。[4]根據他本人的說法[5]，〈哲學作爲嚴格的科學〉這篇長文是在一九一〇／一一年的耶誕節時構思，自一九一一年一月起到二月中旬完成，三月付印。這是胡塞爾在《邏各斯》上所發表的唯一一篇文章，而他之後似乎也沒有再參與雜誌的發表。

這篇文章用胡塞爾的話來說是一篇做「通俗」考慮的文章，[6]他本人將這篇文章稱之爲「對我的意向的一般特徵描述」[7]。由於他在整體上爲這種一般的特徵描述披上了一件對同時代的自然主義、心理主義和歷史主義流派進行批判的外衣，因此他預見到，這些闡述不會得到完全的贊同。一九一二年，當德國的哲學教席漸漸爲實驗心理學家們所占據時，胡塞爾在給里克特的信中寫道：「我在《邏各斯》文章中已經明確地表達了我對此事的想法，並且完全意識到，我會因此而引來眾多的敵意——而現在的確也是不少。」[8]

---

④ 手稿，**R I Rickert**，一九一〇年一月二十五日。

⑤ 參見胡塞爾本人《邏各斯》文章的藏本封面，文獻編號**K VIII 15**。

⑥ 手稿，**R I Misch**，一九二九年三月八日。

⑦ 手稿，**R I Hocking**，一九一二年七月七日。

⑧ 手稿，**R I Rickert**，一九一二年十一月二十一日。

胡塞爾的自然主義和心理主義批判受到那些在方法操作上基本依據經驗心理學的哲學家們的公開反駁，例如：埃爾森漢斯（Th. Elsenhans）和邁瑟爾（A. Messer）⑨。而在他所作的歷史主義和世界觀哲學批判方面，胡塞爾只是在私人信件中收到各種表態。例如：西梅爾（G. Simmel）不同意胡塞爾將最終的世界觀問題（在「說不可說、解不可解」方面的努力）排除出去的態度，⑩然而他並不認爲胡塞爾的批判涉及到他。而狄爾泰——在文章中多次被點名爲懷疑的歷史主義的開拓者——則認爲自己被迫要對胡塞爾的說法提出異議。狄爾泰在評注前加了一個說明：「坦率地說，這樣一種表述給我的第一印象是沉重的，因爲您將我的立場描述爲歷史主義，它的合法結論是懷疑論，這種描述不得不使我感到相當驚奇。我一生的大部分工作都奉獻給一門普遍有效的科學，它應當爲精神科學創造一個堅實

---

⑨ 參閱胡塞爾計畫發表在《康德研究》（*Kant-Studien*）期刊上的對他們指責的回應，現在刊載在《胡塞爾全集》第二十五卷的附錄中（第二二六頁以後）。

⑩ 手稿，R II Simmel，一九一一年三月十三日。里克特在一九一一年六月二十八日的一封信中也有類似的表述。

的基礎和內在的整體聯繫。」[11]胡塞爾在他的回信中保證，他的闡述並非針對狄爾泰而發，並且承諾：「我也會在《邏各斯》上立即發表一個附註，以預防進一步的誤解。」[12]此外，胡塞爾還認爲，在他們之間並不存在「嚴重的分歧」，並指出二人在工作上的共同點：「我們從不同的研究出發，受著不同的歷史動機的規定，經歷過不同的發展。我們所追求的和研究的東西是一致和共屬的：現象學的基本分析和現象學的整體分析，藉助於由您所開闢的大文化構形的形態學與類型學。」[13]狄爾泰對胡塞爾發表這樣一個附注的提議表示認同，但同時強調，可以「保留」他們之間的「分歧」，「直到您以後論述的發表」[14]。後來[15]胡塞爾在《邏各斯》上並沒有發表那樣的說明。事後不久，一九一一年十月一日，狄爾泰便去世

---

⑪ 手稿，R II Dilthey，一九一一年六月二十九日。

⑫ 手稿，R I Dilthey，一九一一年七月五／六日。

⑬ 手稿，R I Dilthey，一九一一年七月五／六日。

⑭ 手稿，R I Dilthey，一九一一年七月五／六日。

⑮ 手稿，R II Dilthey，一九一一年六月二十九日。

了。⑯胡塞爾對狄爾泰的矛盾態度還表現在他一九二八年所舉辦的「現象學的心理學」講座的引論性說明中。⑰胡塞爾贊同狄爾泰的歷史學識和「天才的直覺」，他認爲，狄爾泰反對那種想將自然科學的方法運用在精神科學之中的精神態度，這是合理的。然而，胡塞爾像在《邏各斯》文章中一樣懷疑，狄爾泰的描述—分析心理學是否能夠爲那些精神科學之科學奠基所要求的問題提供一個實際的答案。

---

⑯參閱胡塞爾在一九二九年八月三日給米施（G. Misch）的信：「根據狄爾泰的願望，計畫在《邏各斯》上發表的附注應當納入到這樣一項研究中去，一項與《建構》相連結的、探討狄爾泰意向與我的意向之內在共屬性的研究。」（米施是狄爾泰的女婿。《建構》是指狄爾泰於一九一〇年發表的著作《精神科學中的歷史世界之建構》。胡塞爾於一九一〇年十二月二十一日收到狄爾泰的贈書。——譯注）

⑰參閱《現象學的心理學》，《胡塞爾全集》第九卷，由比梅爾（W. Biemel）主編，海牙，一九六八年，第五頁以後。

附錄三　單行本編者內容提要①

①　威廉・斯基拉奇在編輯《哲學作爲嚴格的科學》的第一個單行本（法蘭克福／美茵，一九六五年）時，曾在原文後附有他所撰寫的「內容分析」、「後記」等。譯者在這裡參考這個版本，將這些附錄分別以「單行本編者內容提要」、「單行本編者後記」等標題譯出、附上，以供讀者參考。——譯注

1. 哲學自古以來便致力於成爲一門嚴格的、精確的②、建立在原理之上的、普遍有效的和絕對明見的科學。

2. 這些努力的唯一成熟之結果，就是嚴格的自然科學與精神科學連同各門數學學科的建立與獨立。而始終含糊不清且迄今仍有爭議的問題是：哲學是否能夠在與經驗科學的比較中證明自身具有一個特性且具有一個特別使命。

3. 按照成爲所有科學中最高的和最嚴格科學之意圖，帶著人類對純粹的和絕對普全的明察之要求，哲學從來沒有成爲科學。

4. 它並不像經驗科學那樣是一門「未完善的」科學，它還沒有開始成爲科學。

5. 它並非僅僅擁有一個不完備，且只是在個別方面不完善的學說系統，而是根本不擁有任何學說系統。

---

② 「精確的」一詞使用在這裡不妥，因爲胡塞爾在許多場合都將「精確的」與「嚴格的」作爲相互對立的概念來使用。前者意味著自然科學方法的主要特徵；後者則是哲學方法的本質標識，胡塞爾在早期以自然科學爲楷模，後期則意圖爲自然科學奠基。因此，在術語使用上區分自然科學方法與哲學方法並不是一個無關緊要的問題。——譯注

6.儘管幾百年的工作提供了諸多偉大的成就，但這一切成就都只有在進行眞正的奠基之後，才能現實地得到運用，透過對個別學說的批判改造並不能做到這一點。

7.強調這一點是重要的。

8.因爲透過這個鮮明的宣言，我們有責任用無可置疑的基礎來進行自下而上的哲學奠基。

9.這個責任並非是新的，過去也曾進行過旨在眞實開端（原理、起源）、旨在決定性的問題表述、旨在合理方法的研究。

10.只是浪漫主義哲學（首先是黑格爾）才削弱和歪曲了建構一門嚴格科學的哲學的欲望。

11.對它的當下反應是自然主義和懷疑主義。

12.另一方面還有歷史主義，亦即對任何一門哲學在其自身時代的相對有效性的贊同。正因如此，新的「世界觀哲學」得到了有利的傳播，雖然這種哲學是反自然主義和反歷史主義的，但它也不具有對科學性的澈底意願。

13.我們所追求的轉變源自於新建一門嚴格科學意義上的哲學之意向的激勵。流行的自然主義也在實施著這種意圖，但自然主義在理論上是根本錯誤的，正如它在實踐上對我們的文化來說意味著日益增長的危險一樣。僅僅檢驗它的結論是不夠的，需要對基礎和方法進行積極的批判。本文的第一部分便致力於這種批判；第二部分則檢驗歷史主義與世界觀哲學的相對權利。

自然主義哲學③

14. 對自然主義哲學的批判。對於這門哲學來說，所有心靈現象都具有心理物理的自然，並且透過一種確定的規律性而得到規定。

15. 所有形式的極端的和澈底的自然主義都具有兩方面的特徵：一方面是對意識的自然化，另一方面則在於對所有觀念的自然化，以及隨之而對所有理想和規範的自然化。

---

③ 該小標題出現在前面胡塞爾的原文中，而在原編者的「內容提要」中則缺。但後面在第65—66段落上卻列出了原文中的第二個小標題「歷史主義與世界觀哲學」。為使前後統一，此處補上第一個小標題。——譯注

16. 形式邏輯的規律被自然主義解釋爲思維的自然規律。自然主義者在其態度上是觀念主義者和客觀主義者。他在教誨，在布道，在訓導，在改造。但他否認普遍的明見性和絕對的明察性，而這正是每一個布道、每一個要求本身根據其意義所預設的前提。

17. 在整個近代生活中，也許沒有比科學觀念更爲有力深入的觀念了，沒有什麼能阻止它的到來。在理想的完善中，它似乎成了理性本身，沒有什麼權威能夠與它相提並論且超越它。在嚴格科學的領地中因而肯定也包含著所有那些理論的、價值的、實踐的理想，它們受到自然主義的**歪曲**，因爲自然主義將它們改釋爲**經驗的**。

18. 對於實現作爲嚴格科學的哲學之可能性而言，僅僅反駁自然主義還不夠。我們必須對它的基礎、它的方法和它的結果進行積極的批判。

19. 自然主義作爲實驗心理學是根據精確的機械論的方式、方法來進行對意識的自然化。

20. 對此必須指責：一門事實科學不能提供一切規範化的純粹原則。

21. 對心靈與意識的機械化也包含著對物理自然之實存的素樸設定。

22. 物理自然的科學不能服務於哲學的奠基，並且是出於以下的原因：

23. 其一是素樸性的緣故，自然科學帶著這種素樸性，將自然理解爲自明地確定的和在先被給予的。就個別的經驗及其聯繫來看，自然科學雖然是批判性的，但就經驗一般的可能性以及經驗一般的條件來看，它卻不是批判性的；

24. 其二則是由於對反思展現出來的各個問題的緣故：經驗邏輯意識的遊戲如何把握客觀的有效性，並且是在這樣的前提下，即：陳述涉及自在自為地存在著的事物，同時不去檢驗意識的進行方式是否並且爲何對於事物之認識來說是無關緊要的。這裡事關所謂的認識論，它的課題領域和基本狀況比以往任何時候都可疑。

25. 一門「自然科學的」認識論之悖謬是明見的。科學所提的問題對於科學來說是內在的，科學性的問題原則上是超越的。自然科學以及心理學和經驗科學一般無法爲自己提供本己的論證。

26. 自然科學的奠基必須將任何在客觀和主觀方面的實存設定加括弧。

27. 研究的目的必須在於對意識的本質認識，亦即必須在於意識活動的所有樣式，這樣才能看到它在其所有可區分的形態中本身之所「是」。

28. 所有意識種類都必須根據被給予方式的形式之主線而得到研究。

29. 對於意識之本質分析來說，對被給予方式之基本種類的反思是不可或缺的。

30. 相應的反思科學是純粹意識的現象學。

31. 心理學是「自然主義」意識的經驗學說。

32. 誠然，現代精確心理學也不符合這個要求，它所探討的至多是心理—物理的規則性。

33. 實驗心理學與原心理學的關係類似於社會統計學與一門使社會學現象本身成爲直接被給予性的社會科學的關係。

34. 精確的（實驗的）心理學的缺陷之後果。

35. 實驗方法是必不可少的，但它預設了對意識本身的分析，而這是任何實驗都無法提供的。

36. 對於一門眞正心理學哲學的開端來說，這個被忽略的原則同樣有效：不是從語詞概念中取出判斷，而是觀看到現象之中去。

37. 這裡所提出的任務並不是可以一舉解決的。首先必須弄清那些最粗糙的歧義性。這些歧義是無法避免的，因爲「關於……的意識」具有一批混亂的形態。

38. 什麼是事實？並且，如果我們以心理學爲出發點，那麼我們必須回到什麼樣的經驗上去？是否存在著一門描述心理學的哲學可能性？（狄爾泰）必須首先進行某些特殊類型的意識分析，以便能夠使素樸的、不可控制的經驗成爲在科學意義上的經驗。

39.對素樸經驗被給予性的描述是藉助於概念進行的，這些概念的意義與含意並不產生於這種描述，且不能透過經驗來控制。

40.沒有那些規定著對象的概念之奠基，心理學不能成爲精確的科學，就像一門滿足於「重」、「暖」等日常含意的物理學也不能成爲精確科學一樣。

41.經驗在意識領域中所具有的概念成就還處在前伽利略時期的物理學階段。缺乏對經驗之意義的深入，或者說，對在經驗中被給予的「存在」之意義的深入。

42.經驗的概念不是從經驗中產生的，而是被運用在經驗上，這些概念相對於經驗是先天的。

43.因此必須考慮，在心理意義上的存在（意識存在）**從自身出發**對方法有何種要求。

44.在這個被尋求的方法方面可以說，如果它以物理學的方法爲楷模，那麼它對於意識現象學來說也是不充分的。

45.遵循自然科學的榜樣，這幾乎就不可避免地意味著：將意識事物化。但是，對於意識來說，關於意識的經驗根本不同於事物經驗。

46. 事物經驗的特徵：(1)同一之物，也是交互主體的同一者；(2)事物只是它在一個空間、一個時間的統一之中所是；(3)處在與所有其他事物現象的因果關係或連結之中；(4)實在特性標示著同一之物變化在因果規律上所預示的可能性。

47. 因此，自然科學持之不懈地探討著事物本身作為被經驗之物而從自身中顯現為何物的意義。

48. 在心理（意識）領域中的狀況完全不同。心理存在，即作為現象的存在：(1)不是一個可以被經驗為同一的統一；(2)它不是現象，因為它並不給出現象與存在的區別。只有「一個自然」，即在事物顯現中顯現出來的自然；但意識現象並不只是顯現的現象。

49. 一個現象不是一個「實體的」統一，它不具有「實在的特別屬性」，它不具有實在的部分、不具有實在的變化，並且不具有**因果性**。一個現象並不會保持著恆久的、同一的存在。

50. 它並不是被經驗為顯現之物，它是一個在反思中被直觀到的體驗。心理（意識）的統一與自然、空間和時間、與實體性和因果性根本無關。它的統一是一個通過一個貫穿的意向朝向所構成的河流。

51. 在內在的直觀中，在追複觀看現象之河流的過程中，我們從一個現象走向另一個現象，永遠不會走向其他的東西。

52. 意識現象在這些行爲的流動中具有巨大的變更性，它們既在觀點的變換中，也與此相應地在那些關注樣式的變換中發生著這樣或那樣的反轉和變形。將行爲聚合在一起的是這樣一種東西：它們都是「關於……的意識」，它們「意指」一個「對象之物」，這個對象之物可以被描述爲「被意指之物本身」，即在某一個意指樣式中被意指。

53. 現象學研究的澈底性和純粹性因而取決於：(1)對自然主義觀點的排斥；(2)現象是否完全被還原到自身之上，以便使它們可以在其單純的單一性中被直觀，且在直接的概念中被描述出來。

54. 在如此還原之後，現象便具有一個在直接觀看中可把握的、並且是相應地可把握的**本質**。由於本質概念牢牢地把握住單純——單一的現象，它們便能夠且必須在直接的直觀（本質直觀）中得到兌現。

55. 因此，本質研究是對意識行爲的分析，直觀便意味著直接的意識到。它伸展得有多遠，相應的「觀念化」或「本質直觀」之可能性便伸展得有多遠。只要直觀是純粹的，完全停留在自身之中，被直觀的本質便是絕對明見，並且可以在概念中得到確定，這些概念爲單義的、客觀的和絕對有效的陳述提供了可能。

56.對這門偉大而全面的科學之建構和擴展，要取決於對一種有別於經驗的直觀之實施。這種純粹的直觀是一種先天的（如已表明的那樣）、但也在此意義上超越的直觀，即它是對經驗之經驗、對感知之感知、對意識之意識。

57.在經驗方面對經驗進行陳述的判斷是絕對的、整體有效的認識，要想透過一種新的經驗再對它進行論證是悖謬的。對休謨的批判，他的懷疑論已經接近了現象學的邊緣。但現象學本身無論如何是先天的「意識分析」，透過純粹的問題，人的意識形成的經驗問題才能獲得科學上可把握的意義。

58.但一切都取決於人們學會「看」，人們在直觀中進行本質判斷，且不將現象學的直觀混同於「自身觀察」，即是說，不混同於那些不是設定著本質，而是設定著相符的個體個別性的行爲。

59.個別之物在其內在之中只能被設定爲「此物」，作爲這個流逝的感知、回憶等等。它本身是偶然的，它不**是**本質，但它「有」一個本質。透過對本質聯繫的揭示，那些主導性的「原理」以及那些透過它們而被規定的「存在」與「意識」之相關方式便可以被看見。

60.「心理」之物被分派給身體以及物理自然的統一。對物理之物的依賴性屬於「作爲自然科學的心理學」的範圍，相對於現象學而言，這門心理學是一門經驗的科學。

61.但還要進行一種區分。心理作爲身體的自然顯現、作爲自然的事物性帶有一種統一，這個統一不是身體性的，而可以回指到各個意識流的生命統一上，回指到意識的統一之上。

62.這個新的確定證明，每一個在通常意義上的心理學認識都預設了對心理的先天本質認識，或者說，這種本質認識的原理構成了經驗心理學的基礎。

63.這種奠基關係沒有受到重視，即使是當它被預感到時，對於我們的研究來說有效的是：「在直觀態度中被把握和被描述的東西，只有在直觀的態度中才能得到理解和檢驗」。

64.科學心理學的基礎因而在於透過一門系統的現象學來進行論證，這門現象學爲那些適合於表述經驗心理學經驗的概念之科學意義與內涵提供規範。這些經驗肯定至少要像通俗的自然經驗一樣豐富。只有在進行現象學的奠基之後，才能夠——與自然經驗一樣——得到科學的運用。

65. 現象學的研究是在最好意義上的先天研究，它充分地考慮到先天論的所有合理動機，對於心理學方法與現象學方法的批判區分，在後者中指明了一條通向科學的理性理論的道路，並且使一門科學的心理學得以可能。

歷史主義與世界觀哲學

66. 歷史主義是在經驗的精神生活之事實領域中活動，它的相對主義將它與一種特殊的懷疑論結合在一起。

67. 所有精神形態都被包容在精神生活的河流中，它們在精神生活的河流中具有其內部的結構、它們的類型學和它們的動機，我們可以去追複感受這些動機，歷史的「理解」便是指明這些源自精神的發展動機的個別形態，「理解」或「解釋」啟示著「精神存在」。在對這個存在的直觀研究中得到研究的是藝術、宗教、道德以及其他等等，同樣還有在它們之中組成的，且同時也在它們之中得到表述的**世界觀**，那些規定著它的本質的精神動機透過最內部的**追複生活**而得到理解。

68.在《世界觀》文集中，狄爾泰指出，透過那種容納所有過去的觀察，生命狀態的某個個別形式、哲學與宗教喪失了絕對的有效性。

69.對科學的歷史發展也可以做同樣的陳述。儘管如此，區分變動的發揮效用與客觀的有效性、區分作爲文化的科學與作爲有效理論系統的科學仍然是重要的，在哲學中也是如此。我們以此明察並不能得到許多收穫，因爲那些具有歷史結果的歷史原因只能透過事實的經驗而得到說明，但事實並不能爲它們的可能性提供任何論證。

70.因此，很明顯的，只要一個哲學的批判確實應當提出有效性的要求，那麼它根據其意義也就隱含著作爲嚴格科學的系統哲學之觀念可能性。

71.對哲學史與對科學史一樣，可以評價它們的個別偉大成就，但這種評價只是出於它們的經驗動機和作用。評價的原理，包括那些相對評價的原理，都包含在觀念的領域之中，**評價著**的歷史學家無法論證這些領域。

72.狄爾泰曾闡釋，爲什麼心理物理的心理學不能爲精神科學提供奠基。對這個闡述還應當做以下補充：唯有現象學的本質學才能夠爲精神哲學提供論證。

73.世界觀哲學的意義與權利，它符合我們對完備的、統一化的、包容一切和理解一切的認識之欲求。它是對在世界之中的一個支點的採納，這種採納看上去要比一門世界科學更爲本質，這尤其是因爲歷史主義的懷疑論在後者占了上風。

74.世界觀因此具有一個獨特的目的論作用，即作爲一個時代的最高層次的生活經驗、教化和智慧。

75.區分：生活經驗、教化、世界智慧、世界觀。

76.與人類態度的所有可能方向有關的習性上的精明。與此密切相關的是被出色地培養起來的能力，即能夠對這種態度的對象性進行批判的能力，或者說，能夠對這種態度進行明確論證的能力。

77.不是談論一個特定個體的教化和世界觀，而是談論一個時代的教化和世界觀，這種做法具有好的意義。

78.從科學的整體內容中，以及從具有說服力的共同體之教化動機中產生一個非常的擴展和上升，它們在大體系中對生活與世界之謎提供了相對完善的答案。

79.相對完善的精明，即是說，**人性**觀念的相對完善之映射符合於可能態度的基本種類，或者說，對自己在世界中的位置之採納的基本種類。

80.從對最佳道路的自然反思中產生一門工藝論，它要求具有超主觀的和束縛性的有效性。同樣，這門工藝論也進入世界觀哲學之中，世界觀哲學便因此成爲最具價值的教育力量的一個發射點。

81.世界觀哲學的偉大意義使得那種對建立嚴格哲學的要求不會成爲多餘。世界觀被侷限在個別生活上，每一個時代都侷限在不同的個別生活上，而科學的觀念是超越時間的。

82.因而世界觀哲學與科學的哲學作爲兩個以某種方式相互聯繫，但不能相互混淆的觀念便明確地區分開來。

83.世界觀的追求雖然是一門嚴格科學哲學的前提，但世界觀哲學不能阻礙嚴格科學哲學的突破。

84.對於這種或那種哲學活動來說，有可能沒有給出一個普遍有效的實踐決定。在生活現實中的決定不可能是完全純粹的，這裡存在著一個尤其是對於我們時代哲學而言的危險。

85.因爲這個問題必須從人類和歷史的立場出發而提出。

86.另一方面，在生命的衝動中，在實踐的必然性中，人們過去未能且現在也不能等待，直到嚴格科學的觀念實現後再作出表態。

87.技術家作爲實踐家所做的決定不同於科學的理論家。前者從後者中獲取學說，從「生活」中獲取經驗。

88.科學的哲學則不然，它事先必須克服這樣一種狀況，即：它是一個由世界觀與理論認識所構成的無別混合體。

89.我們時代的困境事實上已經令人無法忍受。這不僅是因爲關於自然之存在和歷史現實的問題，以及關於那些被看作是「絕對」存在的東西之問題沒有得到解決。關鍵是我們的極端的生活困境。生活就是**表態**。這只能在純粹原理的基礎上才是可能的。相反，自然主義者們和歷史主義者們正在將所有現實、所有生活都轉變爲一種不可理喻的「事實」混合體。

90.我們肯定不能缺少一種理性的、哪怕是非科學的「世界觀」和「生活觀」。

91.但由於自然主義者和歷史主義者透過這些含糊和錯誤的問題而妨礙對現實的理解，以及對現實進行表態的可能，我們必須追求一門澈底地自下而上地提出的、建立在可靠基礎上的、並且根據嚴格方法前進的科學：我們在這裡所宣導的科學的哲學。

92. 儘管世界觀哲學不言自明地樂於把握對哲學問題之嚴格科學要求的每一個可能性，對這兩者的分離也必須進行。

93. 這裡不存在妥協，在這裡和在所有嚴格奠基的問題中都是如此。

94. 已經得到表明，世界觀的價值，尤其是建立在特有的基礎上，但它必須被看作是個別人格的習性和成就。相反，科學則是非人格的，且在最高程度上是作爲嚴格科學的哲學。

95. 我們的時代具有其特有的偉大之處，這個時代的困境只是在於，哲學的發展與力量過小，還不夠嚴格到能夠克服懷疑的消極主義。哲學的科學精確性是我們這個時代的最大困境之根源。

96. 因此，極爲必要的是這樣一種唯一可能的哲學態度：不將任何傳承之物當作是有效的，而是自由地獻身於問題本身，且遵循那些發源於它們之中的指示，由此而試圖獲得奠基性的原理（開端）。

97. 哲學的生活從歷史上的各門哲學之中——如果我們能夠觀入到這些哲學中去——流向我們，帶著它們的全部財富和生動的動機之力量。但研究的動力必須源自於事實與問題，而不是源自各門哲學。哲學是原開端的科學，是論證性原理的科學，是關於人類知識和行動之根源的科學（正如笛卡兒也曾強調的那樣）。它的徹底的、從根源起而上升的進程要求絕對清晰的開端、方法，它們的標誌在於那些主導性的開端原理，以及對這些實事的清晰明見，即在直接直觀中大範圍地絕對被給予的實事。哲學的眞正成就必定在於：它回溯到最終的起源上，它透過哲學直觀，即哲學的本質把握，無須推理和證明的輔助，藉助於直接看而獲得大量最爲嚴格的奠基性認識。

附錄四　單行本編者後記[1]

① 獻給格哈特・胡塞爾七十壽辰。（由《哲學作為嚴格的科學》單行本的編者斯基拉奇撰寫。格哈特・胡塞爾是埃德蒙德・胡塞爾的長子，法學家。——譯注）

這篇多年來已幾乎無法得到的論文是在半個世紀前，即於一九一一年發表於《邏各斯》雜誌的創刊號上。它的效果與影響是極爲巨大的，是對哲學長期迷惘的一個解脫。在此期間，這篇論文雖然已經幾乎無法得到，但對它帶來的震撼還一再發揮著影響。這個效果的原因何在，這個震撼的起因何在？

這篇論文包含著對哲學研究之新論證的主導定理，在胡塞爾的一生中，始終是給定著方向的。即使胡塞爾在他生命終結時半途而廢地有所屈服②，他仍然努力地將他最重要的意圖

② 單行本編者的這一說法有誤。根據胡塞爾本人在一九三五年期間所做的筆記：「哲學作爲科學，作爲嚴肅的、嚴格的、甚至是絕然嚴格的科學——這個夢已經破滅。」〔胡塞爾，《歐洲科學的危機與先驗現象學》，《胡塞爾全集》第六卷，海牙，一九六二年（第二版），第五〇八頁〕，許多人認爲胡塞爾在其後期放棄了對哲學的科學性之要求。關於這方面的批評，除了斯基拉奇在後面所作的之外，還可以參閱施特拉塞爾（St. Strasser）：〈埃德蒙德·胡塞爾後期哲學中的上帝問題〉（Das Gottesproblem in der Spätphilosophie Edmund Husserls），載於《哲學年刊》（*Philosophisches Jahrbuch*），第六十七期，一九五九年，第一三二—一三三頁；霍爾（H. Hohl）：《生活世界與歷史。埃德蒙德·胡塞爾後期哲學的基本特徵》（*Lebenswelt und Geschichte. Grundzüge der Spätphilosophie Edmund Husserls*），弗萊堡/慕尼黑，一九六二年，第七十八頁，以及其他等等。但

加以實施，從而使這些意圖在每一個眞正哲學的努力上都留下自己的烙印。

這個對同時代人發揮如此重大影響的震撼性革命究竟是什麼？在偉大的德國古典哲學逐

高達美早已指出這個解釋是錯誤的，對此可以參閱高達美：〈現象學運動〉（Die phänomenologische Bewegung），載於：《哲學環顧》（*Philosophische Rundschau*），第十一期，一九六三年，第二十五頁；此外還可以參閱江森（P. Janssen）：《歷史與生活世界。關於胡塞爾後期著作討論的一篇論文》（*Geschichte und Lebenswelt. Ein Beitrag Zur Diskussion um Husserls Spätwerk*），海牙，一九七〇年，第XX頁以後，注十六和注一四二；奧爾特（E. W. Orth）：〈胡塞爾與黑格爾。關於哲學中歷史研究和系統研究之關係問題的一篇論文〉（Husserl und Hegel .Ein Beirag zum Problem des Verhältnisses historischer und systematischer Forschung in der Philosophie），載於：比梅爾（主編）：《人的世界—哲學的世界——帕托施卡紀念文集》（*Die Welt des Menschen-Die Welt der Philosophie.Festschriftfür Jan Patocka*），海牙，一九七六年，第二一七頁，注十；尤其參閱蘭貝克（K. -H. Lembeck）：《歷史對象——胡塞爾現象學中的歷史科學》（*Gegenstand Geschichte. Geschichtswissenschaftstheorie in Husserls Phänomenologie*），多德雷赫特等，一九八八年，第五十四頁，注十八；他在這裡指明，胡塞爾於一九三五年七月十日寫給R. 英加登的信〔參閱胡塞爾：《致英加登書信》（*Briefe an Roman Ingarden*），海牙，一九六八年，第九十二—九十三頁〕提供了一個清楚的證據，說明胡塞爾的這個筆記只是對當時流行觀點的一個短評，而非自己的觀點。——譯注

漸枯竭之後，在哲學領域遍地是這樣一些出版著述的洪水，一部分是素樸實證主義的著述，一部分是心理學的著述，一部分是世界觀的著述。儘管幾乎是在任何一個問題上都不存在一致，這一大批完全相互矛盾的著述都使用哲學這個令人敬畏的名稱。今天的情況或許還要更糟糕，誰還能在那些每星期都發表的連篇累牘的著述中說明，什麼是哲學？誰還能幫助學習者擺脫自身的窘境？看上去眞的像康德所說的那樣，人們無法傳授哲學，只能傳授哲思。但哲思又取決於，占主導地位的是哪一種關於哲學之特性的觀念。

胡塞爾所提出的勇敢問題在於：人們爲什麼不能從哲學中發展出一門像物理學那樣精確的科學？一個知識領域，它含有普遍約束性的公理，在這個領域內沒有爲不同的意見、個人的信念、隨意的提問留下任何位置，並且它爲每一個帶有普遍約束的明見性之討論提供了普全的基地。尋求這樣一門「嚴格的科學」，並且至少勾畫出它的輪廓，這便是胡塞爾爲自己制定的畢生任務。

第一個基點在這篇論文中得到了扼要的闡述。毫無疑問，胡塞爾考慮到自然科學的例子。它們也曾有過混亂的前史，直到伽利略、笛卡兒和萊布尼茲在整整一代研究者的幫助下找到那個概念性的基礎，它使得人們能夠確定，應當如何理解自然並應當將自然理解爲何物，以及應當從豐富的現象中提取出哪些對於科學而言至關重要的對象。自然已經作爲可測要素的可測聯繫而成爲科學的課題，它得以成爲嚴格的數學處理之對象。

但哲學呢？胡塞爾沒有去注意，哲學並不像根據初步的、並且肯定有誤的印象所表現出來的那樣處在一個凄涼的境地。他不關注哲學在科學奠基方面，以及除此之外在澄清人類此在方面所作出的巨大成就。他爲自然科學的成功，也包括在對人類此在的組織方面的成功所吸引。這種吸引力對於整體事業來說具有重要的、並非始終有利的結果。但我們對此並不感興趣，對我們來說，重要的問題首先在於他的意圖是什麼，以及他如何表達並執行這些意圖。

1. (a) 對哲學的論證和單義嚴格的實施絕不能接受自然科學的「嚴格」論證之模式。哲學不是自然科學，即使將人的心靈生活看作從屬於自然的，哲學也不是自然科學。人的心靈、人的意識（胡塞爾在最初的起點上以同樣的意義談論心靈與意識）只能與身體相連結地作爲心理—物理的統一出現。但任何一個關於事物的表象都不屬於事物的物理發生，任何一個思想、願望或感受都不是物理現實的一個部分，它們不是這個現實的組成部分，就如同畢達戈拉斯的定理不會在一個三角形被毀時消逝。另一方面，心靈現象是個體的，而自然顯現則不是個體的。心靈之物並不像自然客體那樣對每一個觀察者都是同一的，它不是在所有時空變化中的同一載者，而始終是個體有別的，甚至在同一個體那裡也隨他的境況不同而有別。心理不具有那種持恆的、同一的存在，這種存在本身在自然科學的意義上可以得到客觀的規定。

(b)但更重要的是以下的問題。哲學根本不朝向實在世界聯繫的事物，它不是那樣一種科學，這些科學對應於雜多的顯現而各自占有它們自己的部分，哲學所研究的是科學性一般。作爲關於存在者之存在的問題，哲學爲這樣一些問題做好了準備，這些問題應當爲不同的對象領域規定：必須如何理解它們的存在。哲學帶著什麼—存在的問題超越了課題性的被給予之物，它是一種超越的研究，是所有論證著各門科學的原理之源泉，它不能說是從科學中取回它的原理。

(c)我們不能抓住顯現不放，現象學用其名稱便已經說明它突出於顯現之上。一個現象如何在特徵上突出於顯現？自然科學所探討的是顯現，探討它們的秩序和合規律的聯繫。自然在顯現中展示給自然科學，也就是說，對於科學來說，只有在事物顯現中顯現的自然。但不僅有一個在意識顯現中顯現的意識，而且在此之後還有一個意識，這個意識朝向第一性的顯現，它是一個執態的、自身構成的、自身改變的意識。這種雙重化引發了一個新的標識，叫做**反思**，每一個意識活動與意識體驗都和一個反思結合爲一。唯有當反思同屬於「顯現」的組成時，我們才能將這些顯現稱作現象。

2. 出於以上三個原因，對哲學的嚴格、單義的論證不可能根據自然科學論證的模式來進行。但究竟該如何進行論證呢？這個任務看上去要比形成著的自然科學所面臨的任務還要艱鉅得多。無論如何可以從這些被揭示的原因中得出一個暫時的結論（Momento）。哲學的工作領域是人的意識，如果這門應當朝向意識的科學可能會因爲對自然過程的一同觀察，以及因爲與自然科學解釋的結合而受到干擾，那麼意識現象就必須首先得到純化，從而擺脫所有事物性顯現解釋的要素，胡塞爾將這種純化稱作**還原**。意識現象必須還原到它們的純粹性上，在所有還原之後留存下來的便是本質，現象與現象流的本質。在眞正的意義上，人們只有在現象學中，並且即使在這裡也是在進行了還原之後，才能合理地使用「本質」這個術語。

還原的實施有多麼困難？應當採取哪些預防措施？這些都表現在：還原必須在四個階段上得到重複，直至一個意識現象可以得到完全純粹的把握。③

還原並不意味著放棄意識與對象世界的所有關係。如果哲學想使意識在其純粹性中得到明察，那麼對它來說，這便是一個基本命題，即意識始終是「關於……」的意識。這個「關於什麼」並未被宣告無效，只是先「被加括弧」，以便可以進一步地將對「關於什麼」的指示納入到「功效意識」的可能性之中。研究者首先中止任何執態，胡塞爾將這種中止稱作**懸擱**，它是對哲學所必須具備的苦行主義之嚴格性的表達。生存存在論——哲學的成果一一證明，儘管有這種嚴格性，哲學仍然能夠得到意外的繁榮。

3.我們在這裡無法闡述，這四個純化過程如何發現純粹意識的不同層次。主要的任務在於，在如此的純粹性中直觀意識，這樣，在意識本身上進行的一種比個別科學之奠基更爲嚴格的哲學奠基便得以可能。

---

③ 參閱我的《埃德蒙德·胡塞爾現象學引論》（*Einführung in die Phänomenologie Edmund Husserls*），圖賓根，一九五九年，第二章。

純粹意識是一個永不枯竭的、無法預見的行動序列，也被稱作「行爲」序列。迄今爲止，哲學在其整個歷史中都將意識看作是「實體」，它的個別要素應當得到研究。胡塞爾是第一個將意識看作行動序列而非實體的人。抽象地說：取代意識解剖學的是意識生理學，取代統計學的是動力學。這個自身運動的意識行爲之宇宙一直伸展到無限之中，這樣，透過活動性的每一個環節都既可以引發向後作用的動機，也可以進行向前作用的預先規定；這個意識行爲的宇宙對於哲學來說是一個如此令人鼓舞的景象，一個如此令人醉心的發現，以至於它可以被用來建立一個新的、具有統一方向的哲學開端，這篇論文本身便是開端。胡塞爾還沒有像一九一三年所發表的《純粹現象學與現象學哲學的觀念》（《胡塞爾全集》第三卷，第一冊）中所做的那樣深入到個別性之中。但縱使是在對幾個準則的預告中，這篇論文也是一篇獨特的文獻，可以與笛卡兒的《談談方法》具有等同地位。

最重要的方法預告在於將意識行爲的特徵描述爲**意向**的。意識行動之流既非無方向，也非無連結點和各個重要的中心。這個意識行動之流具有其唯一的形式，帶著「一條貫穿的意向主線，它可以說就是那個穿透一切的統一的標記」。（邊碼313）我們可以思考這一確定的重要性。對於康德來說，意識的統一（在純粹統覺的綜合統一之中）是由「我思」來保證的；對於胡塞爾來說則是這條貫穿的意向主線。不僅意識之實體性的想法已經成爲多餘，而且它的主體性的作用也是名存而實亡。一個領域被獲得，這是一個無限的連續（就像空間和時間對於物理學的理論論證一樣），它可以用純粹的**運動概念**來把握。實體概念與主體概念不再是眞正的思想的工具，它們應當在一個對基本意向行爲之關係的先天奠基內找到其位置。意向性與行爲幾乎是不可區分的，行動所追隨的意向之素樸意義已不復存在，在實施行動之前的意向也已經是體現（Präsentation）的行動。由於每一個意識行動都是意向的，因而它在內容上是相關的。如果還原步驟得到實施，那麼這些行動便不是我的行動，而是可以在不帶主觀從屬性之標識的情況下得到純粹的把握。

現在的任務在於，在這個先驗先天的、經過純化而擺脫了所有事物性要素的領域內發現意識的最簡單行動。簡單性不是一個次要的要求，它意味著擺脫任何一種綜合。撇開綜合所帶有的對先天純粹性的危險不論，簡單性是爲以下兩個方面提供了保證：一方面它保證，被把握到的是最基本的形象，另一方面它保證自身被給予的明見性。這個簡單—最簡單的東西只能是基本現象。如果還有可能進行一個分析的劃分，那麼我們所涉及的便肯定不是基本現象。亞里斯多德便曾如此地尋找過簡單之簡單（απλουςαπλουν），並且將它作爲眞理的標準，因而第一性的任務始終是分析。亞里斯多德所涉及的不是純粹現象，因爲他首先感興趣的是已知之物，是表象性的被獲悉之物，而不是知識的行動。很明顯，簡單—單一的現象實際上也是明見的。它所展示的無非是它自身，並且可以抵禦任何懷疑主義。胡塞爾可能受到笛卡兒在完全簡單的明見性中對理論物理學之建構（《哲學原理》，第二部分）以及他所讚賞地提到的費希特的知識學的影響。明見性標準對於胡塞爾一生來說都是一個比「眞」的標準更爲嚴格，也更無問題的標準。

簡單—單一的意識行動是純粹「意向的」行動，對於胡塞爾來說是一個如此根本的「重要性」，就像那些在理論物理中承載著對理論物理之論證的「重要性」一樣。將意向性稱作意識行動之特性的說法是草率的。意識行動是意向。談論一個聯繫，即在意向與所向（Worauf）之間的聯繫會使人迷惑。（貌似）同一之物出現在不同的意向中，例如：在感知、回憶、期待、想像、猜測等等，這當然是正確的。這似乎表明，可以談及兩個可分的要素，可以談及在所向保持相同的情況下意向的變換。但這個保持相同是一個幼稚的自身欺瞞，一塊被感知的蛋糕並不與被回憶、被想像或被渴望得到的蛋糕是同一塊蛋糕。人們可以試著想像一下康德所說的單純被表象的一百塔勒④。不僅意向有所不同，而且對象也各不相同。下面還將繼續談及這一點，因爲在胡塞爾本人那裡，對此問題的闡述也含糊不清。

更爲重要的是第二個明察。純粹的意向統一是在進行還原之後的現象，但這時已經擺脫了所有的事物性。對一塊蛋糕的直觀、對蛋糕的表象或對蛋糕的欲求是素樸生活的顯現。它們在其建構聯繫方面是經驗意識的對象，但絕不是在那個已闡述的意義上的現象。意向的純粹的意識行爲被烙上了一個空乏的所向之印記：關於……的直觀、關於……的表象、關於……的欲求等等。純粹的關於……規定性的標記、所有意識行爲的這個最重要特徵必須始終得到關注。它只能在純粹的直觀中被達及。幾何學家便是如此在純粹的直觀中看到他的圖形的簡單可讀數，而物理學家則看到時間、空間、量的狀況。胡塞爾顯然常常依據於在這些科學的理論奠基中的原理（開端）和方法，純粹的直

④ 塔勒：十八世紀的德國銀幣。——譯注

觀已經足以能夠把握個別的、孤立的、純粹意向的統一。對它們之間聯繫的重要展開則要求有一種動態的直觀，胡塞爾將它稱作內在的直觀。內在直觀展示著基本磚塊的純粹聯繫模式（意識的遊戲規則，邊碼300），一方面將它展示爲這樣的樣式：如關於……的直觀、關於……的表象、關於……的想像，另一方面則將它展示爲一個意向統一的樣式，例如：在不同「觀點」中的關於……的直觀。我們由此可以得知，即使是最簡單的意向統一自身也具有一個生命，它們可以置身於不同的樣式之中，同時卻不喪失其簡單和統一。這個單純理論設想的前進之最初可能性得以展現出來，一個純粹意向統一的樣式變更構成了一個嚴格封閉的統一。胡塞爾非常恰當地使用了亞里斯多德的標識：**埃多斯**（Eidos：本質）。埃多斯是一個事態的形象，但卻是這樣的一種形象，即：它將作爲變更的形象構成之規則包容在自身之中。一棵樹的本質並不是瞬間的、可以攝影的形象，而是關於樹在不同的觀點中（在方式、種類、季節、場所等方面）可能顯示的形象。理型是各種共屬於一個個別現象的同一範圍的可能性之統一，胡塞爾將此視作哲學的偉大進步之一，即：對各個規定著研究方向的理型的堅持，以及對「本質變更」的劃界。這個任務實際上要比看上去更難。在日常熟悉的領域中堅持「本質變更」是簡單的，例如：對蘇格拉底—形象的變更。但如果要在變更可能性的未知範圍中進行研究，就必須逐一地把握那些將一個現象與另一個現象連結在一起的結合點。作爲輔助手段而發揮作用的是，現象具有一條自然流，它可以擺脫可能的偶然性。「當我們在內在直觀中追複觀看現象流時，我們從一個現象走到另一個現象。」（邊碼313）

我們追複地觀看什麼？每一個現象都是孤立自爲的。一個現象追隨另一個現象的過程是一種什麼類型的過程？這難道不正是那個應當被加括弧，且應當被擱置的具體事物世界？這種誤解是很容易發生的。但對此必須說，先天—先驗的奠基不是一個自身目的，並且不是在一個眞空著進行的。不言而喻，這種奠基的成就在於純粹的意識行動連同對實在世界之顯現的觀向（Hinblick）。胡塞爾的主張在於：自然顯現的實在河流只能在連結—模式中被經驗爲河流，也正是在這種形式中，純粹造就著的（leistend）意識將現象相互結合在一起，這個確定要比它聽上去更爲困難。我們在事實生活中往往只看見每次將觀點所對準的東西，**觀點**（對意向的素樸標識）是極爲重要的。我們的觀點未至之處，也就根本看不到。一個無觀點的、普全包容的觀察是無法實施的。這一點在人們想描述某些被看到的東西時便可以注意到：在這種情況下，不僅描述會是主觀的，而且它也絲毫不嚴格。相反，對先天唯一可能的結合方式的展示，則使得在實事上具體的、科學的顯現如此易讀，就像一篇文字對於那個諳熟各個字母並掌握它們連結可能的讀者一樣。純粹現象學會使我們熟悉那些透過意識行動，爲我們所達及的字母和它們的連結可能。透過它，我們的具體—實事的生活世界便會變得可讀，還要說明的是：這裡所說的是由意識行動本質所構成的先天規定性，而不是歷史的相對性或產生於世界觀之中的習慣、成見等。這裡所涉及的是絕對的本質必然性，胡塞爾甚至使用「絕對語法」這個表述，這是合理的，只要我們考慮一下那些字母以及句法的形式便可，在這些字母中並且透過這些句法形式，世界變爲「可讀的」或可討論的。如果邏輯學或思辨語義學攝取了這個表述，那麼它將會是令人迷惘。內在直觀利用被直觀到的先天意識成就，從而在追隨現象之流的過程中使世界變得可讀。

這樣便可以理解這句難懂的話（邊碼313）：「唯有當內在直觀和事物經驗得到綜合時，被直觀的現象（即在內在直觀中純粹被直觀之物）與被經驗的事物才會發生聯繫」，這個聯繫便是「世界文本」的「可讀性」，它的形成與胡塞爾在本眞意義上稱作

構造的東西相符合。它的成就在於，所有原先是超越的東西都是可以內在地被把握的。（參閱我在《埃德蒙德・胡塞爾現象學引論》第九十二頁和第一一五頁上對「自發被動性」的論述。）

這個新設想的科學之建構當然還只是在大致的特徵方面得到扼要的闡述。這裡的主線在於堅持：現象學的直觀不是在素樸意義上的經驗，而是朝向經驗的經驗，即是說，它使經驗的規則成爲一個新的、先驗經驗的對象。這種內在的、先天的規則制約著這樣一些方式方法，例如：某些種屬的本質如何與另一些種屬的本質相聯繫，概念與直觀如何相互結合，或者說，如何能夠相互結合，如此等等。這些指示描述著現象學的分叉並且暗示著現象學的範圍。它們無法做得更多，想以教條的方式堅持它們，並且想在它們那裡看出更多的東西，那甚至將是錯誤的。

對那些爲胡塞爾以巨大的努力在所有領域中實施的個別「程式」之闡述，並不屬於這篇論文的範圍。在這裡引起我們興趣的只是一個唯一的意圖：通過意識行爲並就意識行爲本身的整個成就範圍而言，對意識行爲的存在規定進行先天的、不可動搖的奠基。

4.
在世界觀哲學方面的境況則不同。儘管它始終是帶著對一個絕對有效性的最高要求而出現的，但在其歷史的變化進程中從未獲得過一種明見性。就那些大的時代而言，世界觀哲學要比那些經過理性論證的體系更爲繁雜。如果人們考察整個人類，那麼一個世界理解、世界闡釋、世界充實的前提絕不能被納入到一個在實事上得到論證的次序中去。儘管如此，世界觀與那種被尋求的對哲學之嚴格論證之間有著密切的聯繫。在世界觀中得到表達的是意識主動性對所有那些它所遭遇到的東西和所有那些遭遇到它的東西的執態。胡塞爾雖然說明，對世界的闡釋依賴於科學的整體內容，這個整體內容作爲共同精神的有效要求與個體相對立。就此而論，世界觀依賴於一個時代和一個社會所具有的科學的和科學—技術的明察。很容易提出這樣一個命題，即：這種超越當前科學境況的豐富構成之外的世界觀是一種幻想。但事情並非如此簡單，因爲，什麼叫做：世界觀？在其整體性中的世界對我們來說永遠不會是現前的，並且絕不會直接地爲一個直觀所達及。

胡塞爾從狄爾泰的偉大論文中獲得最初的啟發。這些論文之所以能打動他，其一是因爲它們與一門自然科學的、機械論的心理學正相反對。其二是因爲狄爾泰將世界觀看作在一種特殊的、獨立於科學的內心態度中的哲學之起源地。對於狄爾泰來說，世界觀的基本要素是具體的**生活經驗**，它們聚集爲一個綜合，一個由人們自己以及與他人所獲得的不同個別「經驗」之總和，這些經驗規定著各個個體的**生平**。在各個生平的連結和統一化中形成圖像，它們使「世界」這個在其存在方式上不確定的聯繫作爲世界圖像得以被看見，這些世界圖像根據那些應當具有引導作用的**生活理想**來向人提出要求。

任何人的生存都不能沒有世界觀，世界觀可以說具有一個被動的和一個主動的方面。被動的方面是指，生活經驗是人所承載的命運，並且作爲接受性而不給自由留下餘地。主動的方面是指人在其生活中致力於實現的理想。世界圖像連結著這兩個因素；一方面是生活經驗，另一方面是生活理想。這是意向的自由產物，但還不獨立於日常生活對每一個人所施加的強制力。這種聯繫沒有爲狄爾泰所看到，他滯留在對世界觀類型的描述之中，沒有對現象本身進行先驗的研究，胡塞爾用**世界理解**、**世界解釋**和**世界充實**的因素來界定這種現象本身。生活經驗、世界圖像、生活理想奠基於理解、解釋和充實之中。世界觀因此是對一個支點的保證，正是這個支點才給予意識活動以嚴格的束縛性；與此支點相對立的是一種無支撐性，意識在世界中的境況自身總會隱藏著諸多誘惑。世界觀是意識的自身主張，沒有世界觀，意識的整個先驗—先天的順序排列（Schematismus）都是無法確定的，也都是鬆散、鬆弛並受偶然支配，不具備必然明見的絕對性。這樣，世界觀便具有一個雙重的角度：一方面它在被給予的世界中爲純粹先天性的可能性奠基；另一方面又透過這個貫穿的先驗—客觀先天性而得到奠基。⑤

據此，胡塞爾非常有把握地超越了狄爾泰之闡釋的相對性，並且第一個將問題提到了正確之處。這樣，在一種本質必然性中確定意識行爲的先驗客觀性的困難便會增大，以至於那些個體—主體的因素在這裡始終是第二級的、分生出來的因素，整個同時代的哲學都沒有理解這些問題，除此之外還表現在，胡塞爾直至生命終結前都始終關注著這些問題。在《歐洲科學的危機與先驗現象學》（《胡塞爾全集》第六卷）一書中，他對這些問題進行最爲詳細的探討，在這部書的最後附錄中所表露出的意向最爲強烈。這裡表明，在經驗科學的事實進程方面確定先驗—先天的前提，要比在意識行爲一般方面

⑤ 參閱胡塞爾：《歐洲科學的危機與先驗現象學》，載於《胡塞爾全集》第六卷，第一四四頁。第三部分，A.「基本明察：客觀—邏輯層次的普全先天建基於更早的普全先天之中，即建基於純粹生活世界的普全先天之中」。

關注先驗—先天之前提的相同任務要容易得多。胡塞爾的成功之處在於，他出色地揭示了「**生活世界**」在其自由的束縛性中作爲基礎和作爲奠基的統一，作爲自由的意識創造和作爲一個必然性的產物的統一，正是在這種必然性中有著生成的習俗、生成的人類組織、宗教、藝術和純粹的精神意向性的超主體根源，並且它們只有在這時才有能力構造其一個立足於純粹明見性基地上的人類。

世界觀是一種表達，它表達著對超出人之上而起支配作用的東西之分析。正是這種不斷的分析才爲超越著的意識主動性提供了空間。（參閱：《胡塞爾全集》第六卷，第三十五節，第一八二頁）如果按照胡塞爾的觀點，這種分析是在**世界理解**、**世界解釋**、**世界充實**中進行的，那麼他便將奠基的嚴格性與人類此在所服從的命令之嚴格性的前提連結在一起，對意識主動性的批判與對世界觀的批判得以相互補充。哲學的「嚴格性」從兩個方面得到了保證，一方面是生活世界的嚴格被構造性，另一方面是爲這種分析所要求的奠基之嚴格性。在胡塞爾的闡述中，這種進程之嚴格性的一個標誌就在於他完全偏離狄爾泰。在這裡發揮作用的不是那種會導向各種世界觀之類型學的內容繁雜性，而是在構造標題下它們的結構。在「世界觀」的不明晰標題下同樣隱藏著一種奠基，它不是主觀的設想，而是先驗被迫的構造。

胡塞爾的設想涉及先驗主體性現象學與那種每一個主體性所超越的引導性的先驗必然性的連結。在他的許多個別闡述中都表露出先驗的歷史性問題，可惜只是在個別的[6]、但極爲重要的考察中。儘管關於胡塞爾的文獻不斷增多，對一個偉大任務的這個最終英勇的努力既未得到關注，也未得到解釋。[7]

無論如何，重要的一點在於，在對《歐洲科學危機與先驗現象學》所做的最後筆記中，胡塞爾在其爲問題所充實的一生之結尾，又回到他二十五年前對這些問題的第一次闡釋上。在這些筆記的結尾處，胡塞爾寫道：「哲學作爲科學，作爲嚴肅的、嚴格的、甚至是絕然嚴格的科學，這個夢已經破滅了。」（《胡塞爾全集》第六卷，第五〇八頁，寫於一九三五年）[8]這個屈服以特殊的方式使人們看到胡塞爾對哲學事業的巨大貢

---

⑥ 從迄今發表的胡塞爾著述來看，這個說法已經可以被證明是錯誤的。——譯注

⑦ 這個缺陷在近年的胡塞爾研究中已在相當大的程度上得到克服。——譯注

⑧ 這個說法已經在胡塞爾研究中得到糾正，參閱前面譯注中的說明。——譯注

獻，但這種屈服是沒有得到論證的。這個夢並沒有破滅，只是在那些無比豐富的、不斷更新的研究中，阿莉阿德尼的線⑨從胡塞爾的手中脫落了出來。因此，這樣一個任務也就變得更爲迫切了，即：始終以胡塞爾在開始時所把握到的那些「第一性原理」爲主導線索，將它們貫穿在對他的整個事業的解釋之中。

⑨ 阿莉阿德尼（Ariadne），希臘神話中的人物，克里特王彌諾斯和帕西準的女兒。雅典英雄忒修斯殺死彌諾斯後，阿莉阿德尼用小線團幫助忒修斯逃出迷宮。「阿莉阿德尼的線」常被用來比喻解決問題的辦法。——譯注

附錄五　作者生平①

①由《哲學作爲嚴格的科學》單行本的編者斯基拉奇撰寫。——譯注

埃德蒙德·胡塞爾直至一九〇〇年的生平和學術發展曾由阿斯本（A. D. Osborn）作過闡述：《埃德蒙德·胡塞爾與他的邏輯研究》（*Edmund Husserl and his logical investigations*），兩卷本，一九四九年（附有詳細的傳記）；以後的年代可以參閱普萊斯納（H. Plessner）：〈胡塞爾在哥廷根。一九五九年在胡塞爾誕辰百年慶祝會上的講話〉（Husserl in Göttingen. Rede Zur Feier des hundertsten Geburtstages 1959）；關於他在弗萊堡期間的講座，《胡塞爾全集》（*Husserliana*）的各個編者在他們的〈引論〉中作過介紹。

最後，在《哲學家》（*Philosophes*）叢書中出版了《胡塞爾，他的生活，他的工作》（*Husserl, Sa vie, son oeuvre*），作者：凱克爾和舍爾（L. Kelkel et Schérer），巴黎，一九六四年。

胡塞爾於一八五九年四月八日出生在摩拉維亞的普羅斯捷約夫鎮，在奧洛穆茲市上高級文科中學，一八七六年中學畢業考試。大學就學的過程：萊比錫三學期，柏林六學期，隨魏爾斯特拉斯（C. Weierstraβ）學習數學，隨保爾森（F. Paulsen）學習哲學。自一八八一年起在維也納，一八八二／八三年冬季學期完成博士論文口試。受布倫塔諾（F. Brentano）的影響，一八八七年在哈勒以《論數的概念：心理學的分析》完成教授資格論文口試。

同年與馬爾維娜・夏洛特・施泰因施奈德（Marvine Charlotte Steinschneider）結婚，生了三個子女：伊莉莎白（Elisabeth），與雅各・羅森貝格（Jakob Rosenberg）教授（哈佛大學）結婚；格哈特（Gerhart），退休法學教授，名譽教授，弗萊堡；沃爾夫岡（Wolfgang），在一次大戰中陣亡。

在哈勒，胡塞爾與心理學家斯圖姆夫（K. Stumpf）關係密切，並與他結下了終生友誼。斯圖姆夫的《聲音心理學》（*Tonpsychologie*）和他的論文《論空間表象的心理學起源》（*Ueber den psychologischen Ursprung der Raumvorstellung*）影響了胡塞爾一八九一年發表的《算術哲學——心理學和邏輯學研究》。如胡塞爾所說，在這部關於數學非常含糊之基礎的論著中（它是胡塞爾教授資格論文的繼續），包含著他在心理學和邏輯學之間尋找第三條道路的最初努力。與此同時，一批重要的數學基礎研究得以產生：施羅德（E. Schröder）一八九一年發表的《邏輯代數講座》（*Vorlesungenüber die Algebra der Logik*）（邏輯斯蒂的第一次嘗試）以及福格特（E. Voigt）一八九三年發表的《基礎邏輯學》（*Elementare Logik*）（即邏輯運算），它們受到胡塞爾的批判討論。尤其還有弗雷格（G. Frege）一八九四年的《算術基礎》（*Die Grundlagen der Arithmetik*）和一八九三年的《算術原理》（*Grundgesetze der Arithmetik*）第一卷（帶有對胡塞爾的「實質」邏輯學的批判）。

直到一九〇〇年發表《邏輯研究》止，胡塞爾一直在運用這些研究（參閱他的《關於德國邏輯學著述的報告》（*Bericht über deutsche Schriften zur Logik*）。a.一八九四年，《系統哲學文庫》（*Archiv fürsystematische Philosophie*），第三卷；b.一八九五－一八九九年，《系統哲學文庫》，第九卷和第十卷）。除了這些研究外，他的講座活動一直延伸到所有哲學問題上。在哈勒的第一次講座是：「認識論和形上學引論」。他常常開設關於休謨，尤其是關於休謨的倫理學講座。奇怪的是，在這些年的著述中幾乎找不到關於那些在一九〇〇年的《邏輯研究》中，尤其在第二卷中彷彿是突如其來地得到突破的巨大工作的任何跡象。胡塞爾的偉大從根本上帶有這樣一種特徵：他能夠長達數十年地以一種頑強的精神，且在一種寧靜退隱的狀態下一再地奉獻於新的問題。《胡塞爾全集》的各卷就是他這一態度的見證，只有在笛卡兒那裡才能找到相似的東西。人們無法排除這樣一個印象：一種較爲深入的交往對於這個事業的完成來說是有好處的。在弗萊堡時期，胡塞爾得到了由他親自允準的幾位助教的支持：首先是海德格，然後是蘭德格雷貝（L. Landgrebe），最後是芬克（E. Fink）。芬克在一九三三年後的苦難年代裡仍然以極大的無私精神爲他服務。

一九○一年，胡塞爾作爲編外教授受聘於哥廷根，從此他的生活進入正常的學院軌道，儘管他並不能夠避開一些令人沮喪的失望。他於一九○六年在哥廷根成爲私人編內教授，於一九一六年作爲在里克特之後，成爲弗萊堡的哲學教席持有者。一九二三年他曾受邀去柏林任教，一九三三年又受邀去加利福尼亞任教，但兩次均被他拒絕。一九二八年他於弗萊堡退休之後，直至一九三八年四月二十七日逝世，——儘管極爲孤獨——始終在進行深入的研究。他與妻子一同葬在君特斯塔爾（Günterstal）鄉村教堂旁的墓地裡。

我曾聽過他的許多講座，這些講座並不特別成功，他彷彿是在自言自語，沒有激情，沒有文學渲染，以一種動人的方式，就好像思想在自己陳述著，獨立於所有顧忌，獨立於所有現實，眼裡只有「無限的任務」（他最喜歡的一句話）。在陳述中，他確立一個「無限」遠的點，他可以暗示這個點的可見性，即使他並不爲通俗易懂的可解釋性作努力。他能夠作出忘我的奉獻，極爲專一地關注他的事業，這便是他的尊嚴和威嚴所在，這種尊嚴和威嚴也從他的遺稿中顯現出來。

他本人一生中所發表的文字極少，這恰好證明，他是如何認眞地看待他的任務的無限性。關於他在一九〇〇年至一九一〇年的工作，他的遺稿提供了一個令人驚異的解答。（《胡塞爾全集》，第二卷，《現象學的觀念》，附有比梅爾所做的重要事實陳述。②）在《邏輯研究》發表後處在顯赫聲譽之中的胡塞爾，沉默了十年之久，爾後才認為〈哲學作為嚴格的科學〉值得發表，這個事實賦予了這篇論文無法充分估量的重要意義。

胡塞爾也始終如一地忠實於自己，任何外在的東西都未能夠動搖他。他泰然自若的開朗和他毫無所求的誠摯，使得每一個能夠接近他的人都感受到他的燦爛形象。人們經驗到，什麼才是偉大，這種經驗之光感動著那些在艱辛的努力中管理著他的遺稿的人們。

② 中譯本參閱胡塞爾：《現象學的觀念》，倪梁康譯，上海，一九八六年／臺北，一九八七年。斯基拉奇所說的「令人驚異的解答」，是指胡塞爾並非像人們之前所認為的那樣，在一九一三年的《純粹現象學與現象學哲學的觀念》第一卷中才完成向先驗現象學，即構造意識的現象學的突破，而是早在一九〇七年期間便已進入到先驗領域之中。詳細地說明可以進一步參閱該書中由比梅爾撰寫的〈編者引論〉。——譯注

附錄六　文獻選要[1]

[1] 由《哲學作爲嚴格的科學》單行本的編者斯基拉奇撰寫。——譯注

這裡只給出那些會更清楚地說明從胡塞爾的這篇論文到他的主要著作之過渡的著述，一份完整的文獻目錄對最初的研究來說是多餘的。最近的和相對豐富的概論包含在布洛克曼（J. M. Broekman）的著作中：《現象學與本我學》（*Phänomenologie und Egologie*），一九六三年。

胡塞爾的著作連同全部遺稿發表在一個詳細又宏偉的版本中：《胡塞爾全集》（*Husserliana, Gesammelte Werke*），在梵布雷達（H. L. van Breda）的領導下，由胡塞爾文庫（魯汶）根據胡塞爾遺稿自一九五〇年起出版。

尚未收入全集的有《算術哲學》（*Philosophie der Arithmetik*），一八九一年；《邏輯研究》（*Logische Untersuchungen*），一九二二年和一九二四年第四版；《形式的與先驗的邏輯學》（*Formale und transzendentale Logik*），一九二九年；《內時間意識現象學講座》（*Vorlesungen zur Phänomenologie des inneren Zeitbewußtseins*），由海德格出版，一九二八年；②《經驗與判斷。邏輯系譜學的研究》（*Erfahrung und Urteil.Untersuchungen zur Genealogie derLogik*），由蘭德格雷貝編輯出版，一九四八年。

② 以上四書現在已經收入《胡塞爾全集》（迄今已出版四十三卷），分別作爲第十二卷，第十八—十九

特別要推薦對以下著作進一步研究：

《胡塞爾全集》第一卷，一九五〇年，《笛卡兒的沉思》（*Cartesianische Meditationen*）和《胡塞爾全集》第六卷，一九五四年，《歐洲科學的危機與先驗現象學》（*Die Krisis der europäischen Wissenschaft und die transzendentale Phänomenologie*）③。

關於這裡的論文可以參考：

勞爾（Q. Lauer）：〈哲學作爲嚴格的科學——導言〉（La Philosophie comme science rigoureuse, Introduction）（五十頁），翻譯與注釋（六十五頁），附有詳細的文獻資料，一九五五年。

卷，第十七卷和第十卷。其中，後三本已譯成中文，如《邏輯研究》：第一卷：《純粹邏輯學導引》，倪梁康譯，上海，一九九四年/臺北，一九九四年；第二卷，上、下部分：《現象學與認識論研究》，倪梁康譯，上海，一九九八年/臺北，二〇〇〇年。——譯注

③ 中譯本參閱胡塞爾：《歐洲科學的危機與超驗現象學》（第一、二部分），張慶熊譯，上海，一九八八年。——譯注。

勞爾：〈胡塞爾的現象學——關於意向性發生的論文〉（*Phénomenologie de Husserl. Essai sur la genèse de l'intentionnalitè*）。

迪默（A. Diemer）：〈現象學與作爲嚴格科學的哲學觀念〉（*Die Phänomenologie und die Idee der Philosophie als strenger Wissemschaft*），一九五六年。

迪默：〈埃德蒙德·胡塞爾——對他的現象學進行系統論述的嘗試〉（*Edmund Husserl. Versuch einer systematischen Darstellung seiner Phänomenologie*），一九五六年。

其他的全面論述

布洛克曼：《現象學與本我學》，《現象學叢書》（*Phaenomenologica*）第十二卷，一九六三年。

馮克（G. Funke）：《論先驗現象學》（*Zur transzendentalen Phänomenologie*），一九五七年。

蘭德格雷貝：《現象學與形上學》（*Phänomenologie und Metaphysik*），一九四九年。（尤其論述胡塞爾的方法）

列維納斯（E. Levinas）：《埃德蒙德．胡塞爾現象學中的直觀理論》（*La thérie de l'intuition dans la phénomenologie Edmund Husserls*），一九五九年。

米施（G. Misch）：《生命哲學與現象學》（*Lebensphilosophie und Phänomenologie*），一九三一年。

穆勒（W. H. Müller）：《埃德蒙德．胡塞爾的現象學》（*Die Philosophie Edmund Husserls*），一九五六年。

斯基拉奇：《埃德蒙德．胡塞爾現象學引論》（*Einführung in die Phänomenologie Edmund Husserls*），一九五九年。

德維倫斯（A. DeWaelhens）：《現象學與眞理》（*Phénoménologie et vérité*），一九五三年。（尤其論述意向性和明見性）

納托爾普（P. Natorp）：〈胡塞爾的純粹現象學觀念〉（Husserls Ideen zu einer reinen Phänomenologie），《邏各斯》（*Logos*），一九一七／一八年。

個別論述

阿多諾（Th. W. Adorno）：《認識論的元批判》（*Zur Metakritik der Erkenntnistheorie*），一九五六年。（對《邏輯研究》至關重要）

布魯門伯格（H. Blumenberg）：〈從現象學角度看生活世界和技術化〉（Lebenswelt und Technisierung unter Aspekten der Phänomenologie），《哲學》（*filosofia*），一九六四年。（對世界觀哲學與胡塞爾主要著作的聯繫至關重要）

還可參閱荷爾（H. Hohl）：《生活世界與歷史，埃德蒙德·胡塞爾後期哲學的基本特徵》（*Lebenswelt und Geschichte, Grundzüge der Spätphilosophie Edmund Husserls*），一九六二年。

芬克：《處在當前批判中的埃德蒙德·胡塞爾的現象學哲學》（*Die phänomenologische Philosophie Edmund Husserl's in der gegenwärtigen Kritik*）（附有胡塞爾的一個前言），一九三四年。

高達美：《眞理與方法》④，一九六一年。（對狄爾泰—胡塞爾的關係至關重要）

呂貝（H. Lübbe）：〈現象學柏拉圖主義的終結〉（Das Ende des phänomenologischen Platonismus），《哲學雜誌》（*Tijdschrift voor Philosophie*），一九五四年。

羅特（A. Roth）：《埃德蒙德·胡塞爾的理論研究》（Edmund Husserls ethische Untersuchungen），《現象學叢收》第七卷，一九六一年。

在論文集中的重要文章

《胡塞爾與近代思維》（*Husserl und das Denken der Neuzeit*），由梵布雷達出版，《現象學叢書》，第二卷，一九五九年。以及《胡塞爾：一八五九—一九五九年》（*Husserl 1859-1959*），《現象學叢書》，第四卷，一九五九年。

---

④ 中譯本參閱高達美：《眞理與方法》，洪漢鼎譯，上海，一九九二年／臺北，一九九三年。——譯注

現象學出版的喉舌《哲學與現象學研究年刊》（*Jahrbuch für Philosophie und phänomenologische Forschung*）（尼邁耶出版社，自一九一三年起）曾經持續了多年。在這個年刊中曾出版過諸多文獻，其中有：胡塞爾《純粹現象學與現象學哲學的觀念》第一卷⑤（附有瓦爾特（G. Walter）的「詳細的概論索引」，共六十頁；由蘭德格雷貝做了刪減，《胡塞爾全集》，第三卷，第四二〇以後）；海德格《存在與時間》⑥；舍勒（M. Scheler）《倫理學中的形式主義與質料的倫理學》；此外還有賴納赫（A. Reinach）、普范德爾（A. Pfänder）、蓋格（M. Geiger）、貝克（O. Becker）等人的著述。

自一九四〇年以來便在布法羅出版了一份現象學研究的雜誌：《哲學與現象學研究》（*Philosophy and Phenomenological Research*），由法伯（M. Faber）主編。

關於學派的傳播與發展，史匹戈博（H. Spiegelberg）提供了出色的諮詢：《現象學運動——一個歷史的導引》（*The Phenomenologica Movement. A Historical Introduction*），兩卷本，一九六〇年，附有二十一張圖片。（《現象學叢書》，第五、六卷，一九五〇年）

---

⑤ 中譯本參閱胡塞爾：《純粹現象學通論》，李幼蒸譯，北京，一九九二年。——譯注

⑥ 中譯本參閱海德格：《存在與時間》，陳嘉映等譯，北京，一九八七年。——譯注

埃德蒙德・胡塞爾年表

Edmund Gustav Albrecht Husserl, 1859-1938

年代	記事
一八五九	出生於奧地利帝國摩拉維亞（Moravia）普羅斯尼茲（Prossnitz，今捷克普羅斯捷約夫Prostějov）的一個猶太家庭。
一八七六－一八七八	進入萊比錫大學，研讀數學、物理學、天文學和哲學。
一八七八－一八八一	進入柏林大學，研讀數學。
一八八一	進入維也納大學，研讀數學。
一八八三	獲維也納大學數學博士學位，胡塞爾的博士論文討論的是「微積分的變分理論」。
一八八四	一、父親去世。 二、聽了弗蘭茲·布倫塔諾的課，其中關於休謨、彌爾的課和倫理學、心理學及邏輯學問題的研究，對胡塞爾的哲學發展有極其重大的影響。之後，胡塞爾聽從弗蘭茲·布倫塔諾的建議，至哈勒大學。
一八八六	一、在哈勒大學，胡塞爾成為心理學家卡爾·斯圖姆夫的助理。 二、在卡爾·斯圖姆夫的指導下，撰寫第一部著作《算術哲學》（*Philosophy of Arithmetic*）。

一八八七	一、與馬爾維娜結婚。 二、以論文《論數的概念：心理學的分析》獲得哈勒大學任教資格。
一九〇〇	發表《邏輯研究》第一部分：《純粹邏輯學導引》。
一九〇一	一、發表《邏輯研究》第二部分：《現象學與認識論研究》。 二、九月，哥廷根大學聘胡塞爾為編外哲學教授。
一九〇六	哥廷根大學聘胡塞爾為編內教授。
一九一一	發表長文〈哲學作為嚴格的科學〉。
一九一三	主編並與其他現象學代表人物，如馬克斯・舍勒等人一起出版《哲學與現象學研究年鑑》第一輯，該刊物日後成為現象學運動的重要標誌。第一輯刊載了胡塞爾重要著作《純粹現象學與現象學哲學的觀念》第一卷。
一九一六	一、轉至弗萊堡大學任教。 二、次子沃爾夫岡於法國凡爾登戰死。
一九一七	一、長子格哈特於戰爭中受重傷。 二、母親去世。

一九一九	發表〈回憶布倫塔諾〉。
一九二二	被選為亞里斯多德科學院「通信院士」。
一九二七—一九二八	與海德格合作撰寫《大英百科全書》的「現象學」條目。
一九二八	一、海德格主編出版胡塞爾《內時間意識的現象學講座》。 二、退休。
一九二九	一、發表《形式的與超越論的邏輯學》。 二、收到海德格呈交的「胡塞爾七十壽辰紀念文集」。
一九三〇	發表《純粹現象學與現象學哲學的觀念》的〈後記〉。
一九三一	發表《笛卡兒式的沉思》。
一九三六	將《歐洲科學的危機與先驗現象學》第一部分寄往布拉格，交由A.利伯特主編的貝爾格勒《哲學》雜誌發表。
一九三七	申請參加在巴黎舉行的第九屆國際哲學大會，但未得到允許。
一九三八	逝世，享壽七十九歲。

經典名著文庫 156

哲學作爲嚴格的科學

Philosophie als strenge Wißenschaft

作　　者 — 埃德蒙德・胡塞爾（Edmund Gustav Albrecht Husserl）
譯　　者 — 倪梁康
發 行 人 — 楊榮川
總 經 理 — 楊士清
總 編 輯 — 楊秀麗
文庫策劃 — 楊榮川
主　　編 — 蔡宗沂
特約編輯 — 沈心潔
封面設計 — 姚孝慈
著者繪像 — 莊河源
出 版 者 — **五南圖書出版股份有限公司**
地　　址 — 臺北市大安區 106 和平東路二段 339 號 4 樓
電　　話 — 02-27055066（代表號）
傳　　眞 — 02-27066100
劃撥帳號 — 01068953
戶　　名 — 五南圖書出版股份有限公司
網　　址 — https://www.wunan.com.tw
電子郵件 — wunan@wunan.com.tw
法律顧問 — 林勝安律師事務所　林勝安律師
出版日期 — 2022 年 2 月初版一刷
定　　價 — 250 元

國家圖書館出版品預行編目資料

哲學作為嚴格的科學 / 埃德蒙德 . 胡塞爾 (Edmund Gustav Albrecht Husserl) 著 ; 倪梁康譯 . -- 初版 . -- 臺北市 : 五南圖書出版股份有限公司 , 2022.02
面 ; 公分 . -- (經典名著文庫 ; 156)
譯自 : Philosophie als strenge Wißenschaft
ISBN 978-626-317-432-0(平裝)

1. 胡塞爾 (Husserl, Edmund, 1859-1938)　2. 學術思想　3. 哲學

147.71　　110020310